안녕 소피아

발칸의 장미 불가리아 이야기

안녕_소피아

발칸의 장미 불가리아 이야기

초판 1쇄 인쇄 2022년 10월 28일
초판 1쇄 발행 2022년 11월 04일

지 음 | 이호식
발행인 | 윤관백
발행처 | 선인

편 집 | 이경남 · 박애리 · 임현지 · 김민정 · 주상미
영 업 | 김현주

등 록 | 제5 - 77호(1998.11.4)
주 소 | 서울시 양천구 남부순환로 48길 1(신월동 163-1) 1층

전 화 | 02)718 - 6252 / 6257
팩 스 | 02)718 - 6253
E-mail | sunin72@chol.com

정 가 16,000원
ISBN 979-11-6068-752-1 03900

HiSofia

안녕_소피아

발칸의 장미 불가리아 이야기

이호식

선인

발칸반도 동쪽에 위치한 불가리아는 우리에게 장미와 요구르트의 나라로 알려져 있다. 불가리아는 유럽과 아시아를 잇는 문명의 교차로에 위치해 오래 전부터 강대국의 흥망이 거듭되어왔던 곳이다. 불가리아는 또 아름다운 자연과 풍요로운 땅을 가진 나라로, 많은 유럽인이 불가리아에 거처를 두고 온라인이나 유럽 각지를 방문하며 사업하고 있을 정도로 편리한 생활 여건을 갖추고 있다.

불가리아는 7세기경 불가리아 왕국을 세운 이래 지금까지 불가리아라는 국명을 사용하고 있는 오랜 역사를 가진 나라다. 러시아, 우크라이나 등에서 사용되는 키릴 문자를 만들고, 슬라브족에 동방정교를 전파한 문화국가이기도 하다. 불가리아는 1878년 5백년 가까운 오스만 제국의 지배에서 독립한 후 숨가쁜 근현대사의 여정을 달려왔다. 두 번의 발칸 전쟁과 두 차례의 세계 대전에 참전하고, 45년간의 공산체제를 겪고 나서 30여 년의 짧은 기간에 성공적인 유럽연합(EU) 회원국으로 거듭나고 있다.

유럽과 아시아 대륙의 동쪽 끝이라는 지리적 거리에도 불구하고 불가리아와 우리는 닮은 점이 의외로 많다. 불가리아의 국토 넓이는 한국보다 10% 정도 크고, 모양은 한반도를 옆으로 눕혀놓은 것과 비슷하다. 주변 강대국에 둘러싸여 때로는 침탈과 지배를 받으면서도 민족 정체성을 유지하고 나라를 굳건히 발전시켜 온 역사도 공감하는 부분이 많다.

일본이나 중국에 관한 책은 홍수를 이루지만, 불가리아에 관해서는 제대로 된 단행본 하나 없다는 것은 무척 아쉬운 일이다. 불가리아에 근무하는 대사로서 불가리아를 한국에 좀 더 알리고 싶다는 욕심이 들었다. 불가리아의 있는 그대로를 소개하면서도 그것이 우리와 어떤 관련이 있고 우리에게 어떤 흥미를 줄 수 있을지 함께 생각해보고 싶었다.

　　이 책은 우선 불가리아가 오스만 치하에서 독립한 후 달려온 영광과 굴욕의 여정을 둘러본다. 그리고, 불가리아의 아름다운 산천과 도시와 문화를 소개하고, 불가리아가 발칸반도 이웃 국가와 함께 지내온 과거와 현재의 모습을 살펴보았다. 마지막으로 한국과 북한이 불가리아와 만들어온 인연과 앞으로 나아갈 방향을 조망해 본다.

　　길지 않은 불가리아 생활이었지만 부지런히 다니고, 많은 사람을 만나 다양한 주제에 대해 이야기를 나누었다. 스스로에게 질문하고 생각하면서 우리와의 연결고리를 찾아보았다. 아무쪼록 이 책이 불가리아에 대한 한국인의 관심을 높이고 양국 간 교류를 넓히는데 조금이나마 도움이 되었으면 한다. 부족하지만 불가리아에 대해 보다 깊이 있는 논의로 이어지는 밀알이 된다면 감사할 따름이다.

　　이 책이 나오는데 많은 도움을 준 불가리아인 친구, 불가리아에 사는 한국 분과 동료들에게 깊은 감사의 말을 전한다. 특히 멀리서 조언해 준 진애·소영, 사진정리를 도와준 디아나 파라파노바(Diana Parapanova), 마지막 감수를 맡아준 이리나 소티로바(Irina Sotirova) 소피아대 한국학과장, 늘 성원해 준 아내에게 특별한 감사를 표한다.

2022년 11월
이호식

| 차 례 |

프롤로그 … 5

제1장 불가리아가 달려온 길을 찾아

1. 삶을 즐기는 강인한 전사의 후예   11
2. 발칸의 붉은 장미, 불가리아의 선택   21
3. 독립과 통일을 일구어낸 열정   28
4. 심장을 앗아간 세 번의 전쟁   34
5. 공산체제 경험과 서구화의 여정   40

제2장 장미의 땅에 넘치는 신의 선물

1. 요구르트와 장수의 나라   55
2. 행복은 성적순이 아니잖아요   65
3. 신과 사람의 대화   72
4. 불가리아를 빛낸 사람들   77

제3장 걸어서 불가리아 속으로

1. 산과 강과 온천의 천국   87
2. 흑해를 품은 바르나와 부르가스   96
3. 발칸의 고도 소피아, 플로브디프, 벨리코터르노브   105
4. 다뉴브 강변의 루세와 비딘, 플레벤과 스타라자고라   113

제4장 문명의 교차로에서 살아남기

1. 불가리아 왕국과 비잔틴 제국의 쟁투   125
2. 가깝고도 가까운 이웃 튀르기예   132
3. 흑해와 발칸 패권을 둘러싼 미·러 경쟁   140
4. 열정과 냉소 사이 북마케도니아   148
5. 발칸반도에서 펼쳐지는 한중일 삼국지   156

제5장 한반도와 손잡고 미래로

1. 장미의 땅에 새겨진 남북한의 발자취   165
2. 북한, 혈맹의 흔적은 어디로   171
3. 사자와 호랑이의 만남   179
4. 한류와 함께 춤을   187
5. 붉은 장미의 손짓   197

에필로그 … 203
참고문헌 … 206

제1장

불가리아가 달려온 길을 찾아

1

삶을 즐기는 강인한 전사의 후예

스파르타쿠스의 출신지 트라키아

불가리아는 발칸반도 동쪽 흑해를 접하면서, 루마니아, 세르비아, 북마케도니아, 그리스, 튀르키예와 국경을 맞대고 있다. 1878년 오스만 지배로부터 독립하였고, 1946년 왕정을 폐지하고 공화정으로 전환했

불가리아 지도

사자 문양과 국기

다. 사자문양은 불가리아 정부와 공식 행사에서 사용되는 국가 문양이다. 사자는 용맹을 상징하며 불가리아 군복에 새겨져 있고, 화폐 단위가 사자를 뜻하는 레브(레바)이다.

불가리아는 유럽 대륙과 아나톨리아 반도를 잇는 문명의 교차로에 위치해 오래 전부터 다양한 민족이 살아왔다. 트라키아인은 BC 3,000년경부터 정착한 흔적이 있고, 이들이 만든 바르나 지역의 금 장식물은 세계에서 가장 오래된 금 세공품으로 공인되어있다. 트라키아는 그리스 문명의 영향을 받았고, 알렉산더 대왕의 땅이 되었다가 로마제국에 속한다. 넷플릭스 드라마 '스파르타쿠스'의 주인공 검투사 스파르타쿠스가 트라키아 남단 산단스키 지역 출신으로 알려져 있다.

로마제국이 쇠퇴하자 6세기경 슬라브인이 발칸 전역에 정착했고, 7세기경 아스파루흐(Asparuh)가 이끄는 불가르족이 내려와서 슬라브족과 연합하여 동로마제국에 맞서 1차 불가리아 왕국을 세운다. 불가르족의 기원은 중앙아시아 볼가강 유역에서 살던 투르크–알타이족이라는 것

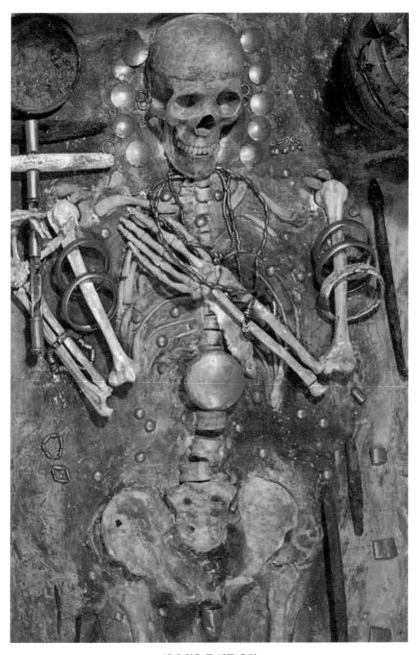

세계 최초 금 세공 유적

산단스키 스파르타쿠스 동상

이 다수설이며, 파미르 고원 인근에서 기원한 인도유럽민족이라는 소수
설이 있다. 불가리아인은 1차 불가리아 왕국에서 유래한 불가리아라는
국명을 지금까지 사용하고 있는 것을 무척 자랑스러워한다.

발칸반도는 로마제국을 비롯한 유럽문명과 아시아의 신흥세력이 충
돌하는 지역으로 강대국의 흥망이 반복되었다. 1차 불가리아 왕국은 동

1차, 2차 불가리아왕국 최대 영토

로마 제국과 패권 다툼을 지속하다 1018년 동로마 제국에 멸망하였다. 2차 불가리아 왕국이 1185년 부활하여 한 때 에게해, 아드리해, 흑해 등 3대 해를 제패하는 전성기를 누리지만, 몽골의 침입으로 쇠약해지다가 결국 1396년 오스만 제국의 침략으로 멸망하였다.

문명의 교차로, 문화의 다양성

우리는 단군신화에 기초한 반만년 단일민족을 강조하지만, 불가리아는 트라키아인과 슬라브족을 토대로 불가르족이 세운 나라라고 자칭한다. 인구센서스는 2011년과 2021년 실시되었는 데, 대략 불가르계 83%, 튀르키예계 10%, 로마인(집시) 5%, 기타 2%로 알려져 있다.

오스만 제국은 튀르키예계와 무슬림의 이주정책을 적극 실시하여 불가리아 독립 당시 인구의 약 25%가 튀르키예계였다고 한다. 불가리아 독립 후 많은 튀르키예계가 귀국하였고, 1950년 전후 튀르키예의 모국 귀국 독려정책과 1989년 불가리아의 차별정책으로 튀르키예계의 대규모 귀국이 이루어진 바 있다.

집시족(로마인)은 30만 명 정도로, 인도 북부지역에서 유래하여 14세기경 동남부 유럽에 정착한 것으로 알려져 있다. 불가리아 집시족은 치가니(Tsigani)라고 불리며, 이들은 사회문화적으로 불가리아 사회에 융화되지 않고 독특한 스타일의 삶을 고수하고 있다. 교육을 제대로 받지 않는 집시 인구는 계속 늘고 있는 반면 불가리아 인구는 줄고 있어 정치사회적으로 큰 문제가 되고 있다.

불가리아는 유럽과 아시아의 교차로에 위치하여 다양한 문화와 종교를 가진 사람들이 거쳐 갔다. 15세기 스페인 국왕이 유대인들을 추방하자 당시 오스만 제국은 이들이 불가리아에 정착하도록 허용했다.

제2차 세계 대전 당시 약 5만 명의 유대인이 불가리아에 살고 있었는데, 불가리아는 이들을 송환하라는 나치 독일의 요구를 거절하여 관용과 인간애를 보여주는 일화로 기억되고 있다. 불가리아 유대인들은 제2차 세계 대전 후 대부분 이스라엘로 돌아가고 지금은 1,000여 명만 남아있다. 당시 약 44,000명이 이스라엘로 귀국하여, 불가리아는 소련, 루마니아, 폴란드에 이어 4번째로 많은 유대인 이민자를 보낸 나라로 기록되고 있다.

불가리아는 또 1915년 튀르키예의 탄압을 피해 이주한 수 만명의 아르메니아인을 받아들였으며, 1917년 러시아의 볼셰비키 혁명시에는 수천명의 우크라이나 및 러시아인이 이주하기도 했다. 소피아 시내 중심에는 동방정교 교회, 이슬람 모스크, 유대 교회가 나란히 자리잡고 있어 불가리아의 종교적 관용을 상징적으로 보여주고 있다.

소피아 시내 유대 교회 (Sofia Synagogue)

삶을 즐기는 강인한 전사의 후예

88서울올림픽에 참가한 리듬체조의 전설 비앙카 파노바

불가리아인은 기골이 장대하고 튼튼하여 예로부터 용맹하고 전투에 능했다. 중세 패권국가였던 동로마 제국에 맞서 나라를 세웠고, 콘스탄티노플이 이슬람의 침공을 받았을 때는 지원군으로 맹활약하기도 한다. 오스만으로부터 독립 후에는 발칸전쟁과 두 번의 세계 대전에 참전하면서 여러 전투에서 용맹을 과시했다. 스포츠에서는 레슬링, 역도, 리듬체조 등 개인기 종목에서 두각을 보여 왔다.

문명의 교차로에서 외래 문물과 교류해온 습성 때문인지 불가리아인은 외부인에게 무척 관대하고 친절하다. 거리에서 아시아인을 만나는 것이 흔한 일이 아니지만 늘 정감 있고 온화하게 다가온다. 관광객이 넘쳐나는 서유럽에서 외국인이 느끼는 이질감과는 사뭇 다르다.

불가리아인은 남유럽인 기질이 있어 낙천적이고 유흥을 즐긴다. 여름에는 1~2개월 흑해나 지중해 연안에서 휴가를 보내고, 겨울에는 가족과 함께 온천과 스키와 산을 즐긴다. 연휴가 길어지면 어떻게 시간을 보낼지 머리를 쥐어짜고 사무실 일을 걱정하는 한국인의 자화상을 떠올리면 삶의 질이 무엇인지 생각하게 된다.

인구 감소와 불가리아 디아스포라

한국의 출생률은 2022년 0.81로 경제협력개발기구(OECD) 최하위이지만, 불가리아도 출생률 저하와 인력의 해외유출로 인구가 계속 줄고 있다. 젊은이들은 임금이 높은 EU 국가로 취업하여 국내는 노동력 부족으로 어려움을 겪는다. 실제 1990년 900만 명에 달하던 인구가 지금은 700만 명이 채 안된다고 한다. 인구감소는 특히 지방에 타격을 주고 있는 반면, 수도 소피아는 인구가 늘고 있어 부동산 가격이 폭등하고 있다.

해외 거주 불가리아인은 4백만 명에 달한다고 하며, 튀르키예나 그리스 등 인근국, 독일과 영국 등 유럽, 시카고나 아르헨티나 등 미주에 걸쳐 널리 거주하고 있다. 불가리아인은 가족 간 유대감이 유난히 깊고 애국심이 강해 해외 거주자들은 불가리아의 잠재적인 원군이고, 불가리

시카고 거주 불가리아인

아 경제가 EU 평균수준으로 안정되면 젊은이들도 국내로 회귀할 것이라는 낙관론이 있다.

북방 기마민족의 후손 한국인과 불가리아인

불가르족의 기원이 중앙아시아 투르크계라는 점에서 부여 난민의 일파라는 주장과, 불가르족의 고대신앙 '탕그라'가 단군 신화와 연관이 있다는 설이 있다. 한반도인의 유래가 유라시아 북방 기마민족임을 감안할 때 먼 옛날 중앙아시아 초원 어디에선가 말 타며 서로 스쳐 지나쳤을 장면은 역사 속 가정으로 상상해 볼만도 하다.

불가리아와 한국은 유럽과 아시아 대륙의 동쪽 끝이라는 지리적 거리에도 불구하고 닮은 점이 많다. 불가리아의 국토 면적은 한국보다 10% 정도 크고, 모양은 한반도를 옆으로 눕혀 놓은 것과 비슷하다. 유럽과 아시아를 잇는 발칸반도에 위치한 불가리아는 동로마, 오스트리아 헝가리, 오스만, 러시아 등 제국의 부침에 영향을 받아왔다. 대륙과 해양세력이 충돌하는 한반도에 위치한 한국은 대륙과 해양세력의 정세 변화에 도전받아왔다. 불가리아는 19세기 후반 해방 이후 독립과 남북통일, 세 차례의 전쟁과 45년 공산체제, EU 가입과 서구화 등 숨 가쁜 현대사를 달려왔다. 19세기 말 열강의 침탈과 일제강점기, 민족해방과 남북분단, 경제성장과 민주화의 여정을 달려온 한국과 공감되는 부분이 많다.

불가리아는 오랜 외세의 지배 하에서도 키릴문자와 동방정교를 토대로 독립과 정체성을 유지해 왔고, 우리 한민족은 크고 작은 외침 속에서도 유구한 역사와 찬란한 문명을 이어왔다. 불굴의 정신과 독창적인 문화를 공유하는 한국과 불가리아가 국경과 대륙의 장벽을 넘어 포스트 팬데믹 시대 미래를 선도하는 주역으로 어깨동무해나가는 모습을 그려본다.

2

발칸의 붉은 장미, 불가리아의 선택

붉은 장미에 맺힌 피눈물

장미와 요구르트의 나라 불가리아는 동유럽 발칸반도의 조용하고 평온한 이미지로 우리에게 다가온다. 그러나 불가리아가 1878년 오스만제국의 지배로부터 독립한 이래 달려온 140년의 여정에는 정세오판과 잘못된 줄서기가 불러온 통한의 피눈물이 맺혀있다.

패권국가가 아닌 중견국에게 외교정책은 국가의 생존과 번영을 결정하는 중요한 선택이다. 이기는 편에 서면 승자의 권리를 함께 누리지만, 지는 쪽에 서면 영토와 재산을 빼앗기는 굴욕과 고통을 강요당한다. 국내정치에서의 선택은 4년 또는 5년을 좌우하지만, 외교정책의 선택은 50년, 100년을 결정짓는다. 불가리아가 근현대사에서 걸어온 줄서기의 질곡은 열강에 둘러싸인 지정학적 위치와 독립과 분단의 역사를 공유하는 우리에게 시사하는 바 크다.

독립과 통일의 영광, 정세오판의 통한

불가리아는 1878년 러시아-오스만 전쟁의 결과, 오스만 제국의 지배로부터 독립한다. 그러나, 자력에 의한 독립이 아니었기에, 러시아의 지중해 진출을 우려한 서구 열강의 개입으로 남북이 분단된 상태로 독립을 맞게 된다. 그 후 불가리아인의 통일에 대한 열망은 세르비아와의 전쟁을 승리로 이끌고 7년 만에 스스로의 힘으로 통일을 일구어낸다. 14세기 흑해, 에게해, 아드리해를 호령하던 제2차 불가리아왕국의 영광 이래 약 500년 만에 통일국가를 실현한 것이다.

독립과 통일의 영광은 1912년 제1차 발칸전쟁 시 60만 대군 동원이라는 열정으로 이어지고, 막강한 전투력과 주변 발칸국과의 연합으로 발칸반도에서 오스만을 몰아내고 지중해의 에게해까지 진출한다. 그러나, 마케도니아 영토에 대한 집착은 정세오판과 폭주를 초래하고 만다. 1913년 세르비아 및 그리스를 상대로 제2차 발칸전쟁을 벌이지만, 루마니아, 튀르키예 등 주변국 모두를 적으로 만들면서 결국 수도 소피아가 함락되는 치욕을 겪는다. 냉철한 정세판단, 진격과 퇴각의 균형, 치밀한 외교 전략의 중요성을 처참한 좌절을 통해 깨닫게 된 것이다.

줄을 서야할 땐 불가리아인의 반대편으로

두 차례의 발칸전쟁 이후 발칸반도는 유럽의 화약고가 되었고 사라예보의 총성은 제1차 세계 대전에 불을 댕긴다. 판세를 저울질 하던 불가리아는 독일, 오스트리아 줄에 서면서, 제2차 발칸전쟁의 복수전에 뛰어든다. 세르비아, 루마니아 전선에서 용맹을 과시하지만, 전투에서 이긴다고 전쟁에서 이기는 것은 아니었다. 잘못된 줄서기의 대가는 혹

■ 제1차 세계 대전 이후 상실한 영토
■ 제1차 세계 대전 이후 획득한 영토

제1차 세계대전 전·후 불가리아 영토

독했다. 지중해 연안의 영토는 사라지고, 흑해만이 영해로 남게 되는 베르사이유의 굴욕을 강요당한다.

　제2차 세계 대전이 발발하자 잘못된 줄서기의 참혹함을 체험했던 불가리아는 좀 더 신중을 기하지만, 결국 영토회복에 대한 갈망을 이기지 못하고 이번에도 독일이라는 지는 패를 뽑고 만다. 지도자들의 정세 오판과 잘못된 줄서기는 일반 국민에게 뿌리 깊은 냉소와 불신을 심어주었다. 지금도 불가리아인들은 "줄을 서야할 때 불가리아인의 반대쪽에 서면 맞는 선택"이라는 자조 섞인 농담을 던진다고 한다.

45년 공산체제와 유고슬라비아 불참

불가리아는 제2차 세계 대전 막바지에 왕정 해체 과정을 겪으며 독일과 결별하지만, 소련군 진주라는 대세를 막을 수는 없었다. 이후 국제 정세의 흐름에 따라 공산권에 편입하여 1989년 동유럽 공산권 붕괴까지 45년간 공산체제를 경험한다. 유럽문명의 동쪽 경계선에서 소련제국의 서쪽 변방으로 변신한 것이다.

서부 발칸지역은 제2차 세계 대전 후 동유럽 재편 과정에서 유고슬라비아로 통합되지만, 불가리아는 세르비아 주도 통합에 참여하지 않고 독자의 길을 걷는다. 불가리아의 이 선택은 50여 년 후 유고슬라비아 해체 과정에서 불어 닥친 피바람으로부터 불가리아를 지켜주었다. 세 번의 전쟁을 치르면서 그토록 얻고자 했던 마케도니아는 유고슬라비아 해체 후 북마케도니아로 독립하여 EU 가입을 위해 불가리아의 협조를 구하고 있다.

EU 및 NATO 선택, 미워도 다시 한 번

1990년 바르샤바조약 와해 후 변화와 혼동의 시기를 겪으면서 불가리아는 또 다시 선택의 기로에 서게 된다. 이번에는 발 빠르게 EU와 북대서양조약기구(NATO) 줄을 선택했고, 2004년 NATO, 2007년 EU 가입을 실현한다. 이후 EU 기준에 맞는 제도와 규정을 정비해나가며, 시민사회활동 보장 등 서구적 시스템을 갖추어가고 있다.

독일, 러시아, 영국, 미국을 불가리아의 주변 4강이라 할 수 있다. 불가리아의 EU 선택이 '미워도 다시 한 번 독일'이라는 분석이 있다. 독일이 경제적으로 EU를 선도하고 있고, 불가리아 경제에서 독일계 기업

불가리아 EU 가입 서명식 (2005년)

이 주류를 이루고 있기 때문이다.

한편, 정치군사적으로는 미·영 주도의 NATO 노선을 따르고 있다. 우크라이나 전쟁으로 러시아와 NATO 간 긴장이 고조되는 가운데 불가리아는 미국의 지원 하에 국방현대화를 추진하고 있다. 반면, 러시아에 대한 우호적 정서도 남아 있는데, 독립 지원에 대한 고마움, 공산정권 시절의 향수, 경제적 연계 등이 근저에 있다고 한다.

선택의 달인, 한국/불가리아 형제

강대국 사이에 끼여 살아남기 위해 끊임 없이 투쟁과 선택을 해왔던 불가리아와 한국, 중앙아시아 초원을 바라보는 유럽 대륙의 동쪽 끝 불

불가리아 NATO 가입 (2004년)

가리아는 정세오판과 줄서기 패착의 회한을 털어내고 장밋빛 미래를 향한 최선의 선택지를 찾고 있다. 유라시아의 동쪽 끝 한반도에서 우리는 미중 전략경쟁의 파고 속에서 생존과 번영을 위한 최선의 지혜를 모으고 있다. 유럽의 화약고에서 EU 우등생으로 거듭나는 불가리아, 도전의 파고를 넘어 G10으로 우뚝 선 한국, '선택의 달인 형제'가 쓰는 미래상이다.

3
독립과 통일을 일구어낸 열정

독립 정신의 근간 동방정교와 키릴문자

482년, 불가리아가 오스만 제국에 멸망한 후 다시 독립할 때까지 걸린 기간이다. 이민족의 지배를 5백년 가까이 받으면서도 정체성을 잃지 않고 독립을 일구어낸 원동력은 무엇일까.

불가리아를 통한 기독교 지원군으로 이슬람권의 콘스탄티노플 정복 시도가 번번히 실패한 선례를 알고 있는 오스만은 발칸반도 정복 초기 불가리아에 강력한 통치체제를 수립하려했다. 오스만 제국의 밀레트 제도와 같은 관용적 종교정책은 변방 지역에서 주로 시행되었고, 콘스탄티노플에 근접한 불가리아는 철저한 동화정책의 대상이었다. 격렬히 저항하는 불가리아인은 학살하거나 노예로 삼고 마을은 초토화시켰는데, 지금도 깊은 산속에 전통 불가리아 가옥이 많이 남아 있는 이유이라고 한다. 오스만은 또 불가리아인 아이들을 납치해 무슬림으로 개종시킨 후 술탄의 친위부대인 예니체리로 만들거나, 다시 불가리아로 보내 통치하도록 했다.

오스만의 동화정책과 수백 년의 지배에도 불가리아가 정체성을 지켜온 원동력에는 종교와 문자가 있었다. 깊은 산속 동방정교 수도원은 불가리아 역사와 문화의 정신적 지주가 되었고, 때로는 독립 투쟁의 근원지가 되었다. 9세기 키릴의 제자 클레멘트와 나움이 만든 키릴 문자는 동방정교를 키예프, 러시아 등 슬라브인에게 전수하였고, 오스만 지배하에서는 불가리아의 역사와 문학을 기술하고 전파하여 불가리아의 정체성을 고양하는 뿌리가 되었다.

일제 강점기 일제는 만주와 중국 침략의 교두보로 삼기 위해 내선일체라는 미명하에 조선에 대해 가혹한 동화정책을 실시했다. 또 문자를 없애기 위해 조선어 교육과 사용 금지, 창씨개명 등을 통해 민족 말살정책을 취했다. 그럼에도 한민족은 한글과 찬란한 역사 문화를 토대로 민족의 정체성을 이어갔고 독립을 맞이했다. 정신문화와 문자는 시대와 공간을 뛰어넘어 민족 정체성을 유지하는 원동력이었던 것이다.

계란으로 바위치기가 이룬 해방과 통일

민족 정체성을 토대로 국가가 독립하기 위해서는 계란으로 바위를 치는 투쟁도 필요하다. 투쟁의 선봉에는 2차 불가리아왕국의 수도 터르노보가 있었다. 1598년 9월 터르노보에서 무장봉기가 일어나고, 1백 년 후 1686년 터르노보에서 2차 봉기가 일어나지만 모두 오스만에 잔혹하게 진압 당한다. 1689년 마케도니아 불가리아인의 봉기도 실패로 끝나지만, 바위에 부딪쳐 무참히 깨져간 계란들의 염원은 저항의 불꽃이 되어 불가리아인의 가슴속에 새겨진다.

철옹성처럼 굳건했던 오스만 제국도 1571년 레판토 해전 참패, 1683년 제2차 비엔나 공격 실패 이후 점차 쇠락의 길을 걷는다. 서유럽의 부상과 프랑스 혁명으로 확산된 민족주의는 무너져가는 바위에 폭포가 되어 쏟아졌고, 19세기초 그리스와 세르비아를 시작으로 발칸반도에서 민족 독립의 거대한 물결이 소용돌이친다.

바실 레프스키 (Vasil Levski)

바실 레프스키(Vasil Levski)는 불가리아의 독립 영웅으로 가장 위대한 불가리아인으로 추앙받고 있다. 그는 불가리아의 해방과 함께 인종과 종교의 평등을 주창하였고, 1873년 오스만에 의해 처형 당했다. Levski는 '사자와 같다'는 뜻으로, 사자처럼 뛰어다녀서 붙여진 이름이라고 한다. 1876년 4월 불가리아 전역에서 발생한 4월 항쟁은 3만여 명이 학살되는 참화를 가져왔지만, 불가리아 문제를 오스만 내부의 문

쉽카(Shipka) 개최 광복의 날(Liberation Day) 행사

제에서 유럽의 문제로 전환시키는 결정적 계기가 된다. 러시아가 정으로 바위를 내리쳐 불가리아가 바위 속에서 떨치고 나오도록 도와준 것이다. 러시아는 1877년 6월 오스만과 개전 후 1878년 3월 3일 산스테파노 조약을 통해 불가리아의 독립을 승인 받는다. 3월 3일 Liberation Day(광복의 날)는 우리의 8·15 광복절과 비슷한 기념일이다. 쉽카산(Shipka Pass) 전투는 러시아－오스만 전쟁의 승패를 결정지은 전투로 해마다 이곳에서 기념행사가 개최되고 있다.

불가리아의 독립은 직접적으로는 러시아와 오스만 전쟁의 결과이지만, 근원적으로는 종교와 문자를 근간으로 하는 정체성, 불가리아인의 독립 의지와 치열한 투쟁, 오스만의 약화와 국제정세 변화 등 세 박자가 맞아 이루어졌다. 5천년 역사와 독창적인 문화를 토대로 한 민족 정체성, 3·1 운동의 저항 정신과 봉오동 전투와 광복군으로 이어진 독립 선열들의 투쟁, 국제정세 변화와 일제의 태평양전쟁 패전이 36년 일제 강점기로부터 한민족의 광복을 가져온 것과 맥을 같이 한다.

해방의 열정으로 7년 만에 극복한 남북 분단

산스테파노 조약이 마케도니아와 에게해에 이르는 넓은 지역을 불가리아 영토로 규정하자, 러시아의 불가리아를 통한 지중해 진출을 우려한 영국, 프랑스, 독일 등이 제동을 건다. 서구 열강이 소집한 베를린 회의는 소피아를 수도로 하는 북부 불가리아공국은 독립, 플로브디프를 수도로 하는 동남부 동루멜리아는 오스만 치하 자치, 마케도니아는 오스만 직할령으로 하는 3개 지역 분할을 결정한다.

분단된 동루멜리아에서는 불가리아공국과 통일 운동이 들불처럼 확대되었고, 결국 1885년 9월 6일 통합을 선언한다. 불가리아의 현상변경 시도는 베를린 협정 위배이기에 유럽열강은 10월 회의를 소집하였고, 세르비아는 통일에 반대하며 11월 불가리아를 침공한다. 불가리아는 세르비아의 침략을 격퇴하고 오히려 세르비아로 진격해 갈 기세를 보이자, 열강은 불가리아의 통일을 인정하면서 세르비아와 평화협정 체결을 종용한다. 9월 6일 Unification Day(통일의 날)는 제2차 불가리아왕국 이후 5백 년 만의 통일 왕국 재현을 자축하는 날이다.

통일당시의 페르디난트(Ferdinand) 국왕

통일 자매

8·15 광복의 기쁨이 채 가시기도 전 1948년 남북한 단독 정부가 수립되고, 북한의 남침으로 6·25 전쟁이 발발한 후 한반도는 분단 70여 년을 넘기고 있다. 불가리아는 남북이 분단된 채 독립을 맞이했지만, 불과 7년 만에 열강의 반대를 이겨내고 이웃 나라의 침입을 격퇴하면서

통일을 이루어냈다. 같은 민족과 같은 언어, 오랜 단일 국가의 역사를 공유하고 있는 한반도에서 통일의 당위론은 누구나 공감하지만 시기와 방법에 대해서는 의견이 분분하다. 북한의 개혁개방을 유도하고 주변국의 지지를 이끌어내면서 우리 달력에 통일 기념일을 기록할 날은 언제가 될 것인가.

4

심장을 앗아간 세 번의 전쟁

냉철한 이성을 결여한 뜨거운 열정, 발칸전쟁

외교정책은 크게 중장기 목표와 이를 실현하기 위한 단기 정책으로 구성된다. 일관성 있는 목표를 설정하되, 국력과 국제정세를 감안하여 단기 정책과 수단은 융통성 있게 조정되어야한다. 때로는 이보 전진을 위한 일보 후퇴도, 먼 길을 돌아가는 결단도 필요하다. 상대가 있는 냉혹한 게임의 세계에서 열정과 당위성만 앞세우면 목표 달성은 커녕 지옥의 나락으로 떨어질 수 있다. 냉철한 이성을 결여한 뜨거운 열정, 냉정한 정세판단과 정교한 외교 조율 없는 목표를 향한 무모한 돌진이 어떤 결과를 초래하는지 불가리아가 경험한 세 번의 전쟁이 여실히 보여준다.

1878년 6월 베를린 조약이 북부공국의 독립만 인정하자, 불가리아는 1878년 3월 산스테파노 조약상의 영토 수복을 외교정책의 최우선 목표로 삼게 된다. 1885년 남부와 통일하지만 마케도니아 지역은 여전히 오스만 치하에 있었기에, 1912년 불가리아는 세르비아, 그리스와 연합하여 알바니아, 마케도니아, 북그리스 등의 영토 해방을 기치로 오스만을 상대로 제1차 발칸전쟁을 벌인다. 무너져가는 거인 오스만은 두 손을 들고 발칸반도를 떠나지만 전리품을 둘러싸고 승자 간 다툼이 벌어진다. 불가리아와 세르비아는 사전에 세르비아가 알바니아를 귀속하고 두 나라가 마케도니아를 분할하기로 약속했으나, 오스트리아헝가리 제국이 알바니아를 독립시켜버리자, 세르비아는 마케도니아를 불가리아에 넘기는 것을 거부한다. 60만 대군을 동원하며 오스만 최정예 군이 배치된 콘스탄티노플 인근에서 가장 많은 피를 흘렸던 불가리아는 분노하고, 세르비아와 전쟁을 벌인다.

知彼知己(지피지기)하지 못하면 百戰百敗(백전백패)한다. 불가리아는 오스만과 전쟁에서 기진맥진한 자국 군을 과대평가하고 세르비아 군을 과소평가하는 우를 범한다. 그보다 더 결정적 패착은 그리스, 루마니아, 오스만에 대한 외교적 고려를 하지 않은 것이었다. 남부 마케도니아 영토를 탐내던 그리스, 흑해 연안 다뉴브강 이남을 바라보던 루마니아, 1차 발칸전쟁의 치욕을 곱씹고 있던 오스만까지 가세해 사면초가에 몰린 불가리아는 수도 소피아가 함락되고 12일 만에 백기를 든다. 대부분의 마케도니아는 세르비아와 그리스에게 넘어가고, 루마니아는 남도브르자를, 오스만은 동트레이스 지역을 가져간다. 그나마 1차 발칸전쟁 이전에 비해 영토가 20% 정도 늘었다는 것이 위안이라면 위안이라고 할까.

1차 발칸전쟁 후 불가리아

2차 발칸전쟁 후 불가리아

외교정책 판단 착오가 가져온 국가적 재앙, 1차 세계 대전

불가리아는 제1차 세계 대전 초기 중립을 선언하는데, 3국 동맹(독일, 오스트리아, 이탈리아)과 3국 협상(영국, 프랑스, 러시아)은 불가리아를 자기 진영으로 끌어들이고자 영토 조건을 제시한다. 3국 동맹은 대부분의 마케도니아와 남도브르자 지역을 제시한 반면, 3국 협상은 동 트레이스 지역과 일부 마케도니아 지역만을 제시하자, 불가리아 정부는 영토수복의 열망에 3국 동맹의 줄을 선택한다.

1915년 10월 교착상태에 있던 오스트리아헝가리와 세르비아 전선에 불가리아가 참전하자 세르비아는 와해되고 알바니아와 그리스로 패퇴한다. 불가리아는 또 남도브르자 지역 수복을 위해 1916년 9월 루마니아와 개전하여 루마니아 영토 깊숙이까지 쳐들어가는 전투력을 과시한다. 그러나, 러시아의 전장 이탈에도 불구하고 제1차 세계 대전은 결국 협상국의 승리로 끝나고, 패자의 줄에 섰던 불가리아는 제2차 발칸전쟁 패전 시와는 비교할 수 없을 정도로 혹독한 대가를 치르게 된다. 그리스에 에게해 연안을, 신생유고슬라비아에 서부 마케도니아를, 루마니아에 남도브르자 지역을 빼앗겨, 그야말로 사지가 절단되는 고통을 당한다.

외교정책에 있어 전쟁에 참가할 지 여부, 참전 시 어느 진영을 선택할지는 국가의 존망을 결정하는 중요한 선택이다. 질 것을 예상하면서도 패자의 줄을 선택하는 어리석은 지도자는 없을 것이다. 그렇다면 왜 결과적으로 지는 선택을 하고 말았던 것일까. 당시 야당은 독일 선택을 반대했다고 한다. 러시아에 대한 불가리아 국민 정서도 우호적이었다. 그럼에도 마케도니아 영토 수복이라는 조건에 집착한 나머지, 냉철한 국제정세 분석과 중장기 전략 목표를 간과하는 우를 범하고 만 것이다. 물론, 독일과 깊은 경제적 유대관계와 1915년 당시 전황이 독일에 유리했던 점도 고려했을 것이다. 그러나 제2차 발칸전쟁 패배의 분노와 실

쿠테타를 환호하는 불가리아 시민

쿠테타 행렬 (1944년)

지 회복에 대한 강박이 국가의 존폐를 거는 무모한 배팅으로 몰아갔고, 냉정한 판단을 가로막았다고 할 수 있다.

새롭지 않은 세 번째 패착, 2차 세계 대전

2차 세계 대전이 발발하자 제1차 세계 대전 패전국의 쓰라린 멍에를 지고 있던 불가리아는 중립을 선언한다. 당시 불가리아 경제는 독일과 밀접하게 연계되어 있었지만, 영국, 프랑스, 소련과도 좋은 관계를 유지해야했다. 그러나, 발칸반도 제압을 위한 히틀러의 지속적인 협조 요청에 1941년 3월 또 다시 독일을 선택하고 만다. 1943년 말 미군기의 소피아 폭격 등 독일의 승리가 어려워 보이자, 불가리아는 소련군의 진입을 막고자 1944년 서방측과 접촉을 시도하지만 연합국은 이미 불가리아를 소련에 내주기로 합의한 후였다. 1944년 9월 소련군은 루마니아 국경을 넘어 불가리아에 진입하고, 불가리아는 또 다시 패전국의 멍에를 뒤집어쓴다.

30년도 안 되는 기간에 무려 세 번이나 연속 패배하는 전쟁에 참전한 국가는 발칸반도에서는 불가리아가 유일하다. 제2차 발칸전쟁 시 적국이었던 그리스, 세르비아, 루마니아, 튀르키예를 살펴보면, 튀르키예는 제1차 세계 대전 패전국/제2차 세계 대전 중립, 루마니아는 1차 승전국/2차 패전국, 그리스와 세르비아는 계속 승전국 편에 섰다.

발칸전쟁당사국의 제1,2차세계대전 참전 결과

국가명	제1차 세계대전	제2차 세계대전
불가리아	패전국	패전국
튀르키예	패전국	중립
루마니아	승전국	패전국
그리스	승전국	승전국
세르비아	승전국	승전국

불가리아가 제2차 세계 대전에서 또 다시 독일 편에서 참전한 이유는 제1차 세계 대전 결과인 베르사유 체제 타파를 간절히 원했기 때문이다. 독일의 압력으로 루마니아가 1940년 9월 남도브르자 지역을 불가리아에 돌려주자 독일의 도움으로 역사적 불의를 시정할 수 있다는 믿음을 갖게 된 것이다. 소련도 불가리아와의 연대를 추구했지만, 불가리아내 공산주의에 대한 우려의 벽을 넘지 못했다.

정부에 대한 냉소, 정부의 수준과 국민

불가리아 지식인과 대화하다보면 가끔 냉소와 자조가 묻어나는데, 이유를 묻자 '심장이 없기 때문'이라는 답변은 가히 충격적이었다. 심장을 도려내는 패전의 아픔은 45년 공산통치와 32년 서구화의 길을 걸으면서도 불가리아인의 가슴에 고스란히 남아있는 것이다.

불가리아인 지식인 중에는 군인의 용맹과 국민의 열정에도 불구하고 지도층의 판단착오가 국민적 재앙을 가져왔다며, 정부와 지도자에 대한 불신도 뿌리 깊다. 불가리아의 코로나 백신 접종률은 EU 회원국 최하위인데, 정부가 결정하는 반대로 하면 된다는 속설도 그 원인중 하나라고 한다.

우리나라에서도 '국민은 현명한데 정부가 무능하다'는 말을 자주 듣는다. 그러나, 이는 '국민은 그 수준에 맞는 정부를 갖는다.'라는 정치학 명제와 상충된다. 선택의 과오를 지도자의 어리석음으로 치부하면 회한의 고통은 줄어들겠지만, 또 다시 선택의 기로에 섰을 때 교훈을 얻을 수 없다. 현대 민주주의 국가에서 국민과 동떨어진 외교는 있을 수 없고, 국민과 정부는 한 배를 탄 운명공동체일 수밖에 없기 때문이다.

5
공산체제 경험과 서구화의 여정

냉탕과 온탕을 오간 77년

공산체제는 인류에게 새로운 실험이었다. 제2차 세계 대전 후 동유럽은 소련의 지원 하에 공산체제를 수립했지만 45년 후 대부분 자유시장경제로 회귀했다. 중국이 WTO 체제하에서 세계 2위 경제대국으로 성장한 지금, 국제경제체제로의 편입을 거부하고 공산체제를 유지하는 국가는 북한 등 몇몇 나라에 불과하다.

불가리아는 45년간 공산체제를 경험한 후 자유시장경제로 전환하여 냉탕과 온탕을 오가는 77년을 달려왔다. 격변의 시기를 거치면서 극심한 혼동과 시행착오, 총체적 붕괴와 부분적 재건이 반복되었고, 그 과정에서 막대한 부를 축적한 사람과 빈곤의 나락으로 추락한 사람, 공익을 위해 희생한 사람과 부정부패로 사익을 채운 사람의 부침이 거듭되었다.

불가리아인에게 45년 공산체제의 기억과 흔적은 어떻게 남아 있을까. 자유시장경제로 편입과정의 혼동과 도전은 어떻게 극복했을까. 3대째 독재정치와 폐쇄경제를 이어가고 있는 북한이라는 숙명을 안고 있는 우리에게 불가리아가 걸어온 전환기를 살펴보는 것은 의미 있는 일일 것이다.

불가리아를 위해 일한 소련의 대리인

불가리아 공산통치 기간을 대표하는 인물은 토도르 지프코프다. 그는 1954년 공산당 서기장, 1962년 총리가 되어 1989년 11월 권좌에서 물러날 때까지 36년간 불가리아를 통치했다. 소련의 충실한 대리인이었지만, 의료, 교육, 복지, 주택, 사회간접자본 등에서 불가리아를 위해 많은 일을 했다는 평도 있다. 김일성과 좋은 관계를 유지했지만, 김일성 모방 정책으로 공산체제 붕괴 직후 총살된 루마니아의 독재자 차우세스쿠 부부와는 결을 달리한다.

토도르 지프코프

지프코프와 경호원 보이코 보리소프

1944년 9월 9일 반히틀러 친소 단체인 조국전선위원회 (Fatherland Front)가 쿠데타로 집권하면서 불가리아 왕정은 종식되고 친소 공화국이 수립된다. 이후 불가리아는 인민민주주의 시기를 거쳐 1948년부터 사유재산 국유화, 농지 집단농장화 등 사회 전 분야를 재편하고, 5년 단위 국가계획경제를 운영하는 등 본격적인 스탈린식 공산체제를 형성한다. 소련의 적극적인 지원 하에 1950~60년대 공업화를 성공적으로 추진하였고, 1970년대에는 공산권 국가 간 분업체제가 강화되면서 동유럽국가에 컴퓨터와 전자통신을 공급하고 트럭과 지게차 같은 차량을 대량 생산하여, 연평균 4% 정도의 경제성장을 지속한다.

국제적으로는 1949년 경제상호원조회의(Comecon, Council for Mutual Economic Assistance)을 공동 창설하고, 1955년 바르샤바조약기구와 UN에 가입한다. 미국과는 냉전으로 인해 1951년 외교관계를 단절하지만 1956년 이후 데탕트 분위기에 힘입어 1959년 관계를 재개한다. 외교적으로는 소련을 전폭적으로 추종하는데, 1956년 소련의 헝가리 봉기 진압을 지지하고, 1968년 프라하의 봄 진압 시에는 불가리아 군대를 파견하기도 한다. 소련도 그리스의 영토 주장에 대해 불가리아를 지지하는 등 외교적 공조가 이어진다.

공산체제의 모순 폭발과 자유화의 시련

공산체제 경제의 구조적 모순은 1980년대에 표출된다. 불가리아는 서방에서 공산품 부품을 달러로 수입하여 공산권 내 루블화를 받고 수출했기 때문에 1980년대 대외채무가 대규모로 쌓이기 시작했다. 또한 석유가격 상승, 소련의 지원 감소, 사회주의 체제 모순 누적으로 생산성과 경쟁력이 떨어지면서 경제는 침체기에 접어든다.

1989년 베를린 장벽 와해로 동유럽 전체에 자유화의 물결이 확산되었고, 1989년 11월 지프코프는 결국 권좌에서 물러나게 된다. 1990년 자유화 조치이후 1991년 7월 민주세력이 집권, 러시아나 폴란드처럼 가격 자유화와 사유화 같은 충격요법을 사용한 결과, 1991년 인플레 334%, 경제성장률 –16.7%라는 참담한 결과를 초래한다. 민주적 전통이나 시장경제에 대한 경험이 없었고, 공산품의 국제경쟁력도 떨어지는

데다가 공산권 수출의존도가 높았던 터라 공산권의 붕괴가 불가리아 수출에 큰 타격을 준 것이다. 또한, 집단농장이 해체되고, 농지사유화로 인해 농기계와 농업기술이 유실되어 농업생산량도 급감한다. 사회범죄가 급속도로 증가하고, 권력기관과 결탁하여 국가재산을 대규모 횡령하는 일도 발생한다. 정치적으로도 1990년부터 1997년까지 정부가 일곱 번이나 교체되는 불안정 상태가 지속되는 등 그야말로 국가 전체가 전쟁에 버금가는 총체적 위기에 빠진다.

1997년 집권한 민주세력연합 코스토프 총리는 불가리아 화폐인 레바와 유로(마르크화)를 연동하고, 긴축정책으로 인플레를 잡으며 경제안정을 시도했고, 2001년 시메온 정부는 재정적자와 실업률을 낮추고 외국인 투자 유치로 경제성장을 도모하면서 불가리아 경제는 점차 안정을 되찾기 시작한다.

게오르기 초상 화폐

공산체제 청산과정의 상징적인 논란은 게오르기 디미트로프 (Georgi Dimitrov) 기념관 철거 문제다. 그는 불가리아의 레닌으로 일컬어지며,

게오르기 기념관

1949년 사망 후 시신이 방부 처리되어 소피아 시내 기념관에 안치되었다. 그러나 1990년 그의 시신은 소피아 중앙묘지에 안장되었고, 1999년 기념관도 철거되었다. 당시 여론조사 결과 2/3 정도가 기념관 철거를 반대했다고 하는데, 지금도 역사는 역사로 간직되었어야한다고 아쉬워하는 사람들이 있다. 마오쩌둥 기념관이 지금도 천안문 광장 한편에 자리잡고 있는 것을 보면 권력과 역사의 냉엄함을 느끼게 한다.

공산정권 시절 또 하나의 상징은 부즈루짜(Buzludzha) 기념탑이다. 이 거대한 조형물은 토도르 지프코프 시절인 1981년 건축가 게오르기 스토이로프(Georgi Stoilov)에 의해 건립되어 공산당의 대규모 행사나 박물관으로 사용되었다. 그러나 자유화 이후 이 기념탑은 용도 폐기되었고, 기념탑 상부의 붉은 별이 루비로 만들어졌다는 낭설로 이를 총으로 쏘아 부수는 일까지 벌어지는 등 역사의 흉물로 남겨져 있다.

부즈루짜(Buzludzha) 기념탑

흉물이 된 부즈루짜(Buzludzha) 기념탑 내부

총리가 된 마지막 국왕

1943년 불가리아 국왕 보리스 3세가 독일 방문 중 급사하자, 그의 아들 시메온 2세(Simeon Borisov)가 국왕이 된다. 그는 당시 6세의 어린 나이로, 실권은 삼촌 키릴(Kiril)과 니콜라 미호프(Nikola Mihov) 장군 및 보그단 필로프(Bogdan Filov) 총리 등이 대행했다. 1944년 쿠테타로 공화국이 수립되었고, 1946년 국민투표로 왕정이 폐지되자 그를 포함한 왕족들은 국외로 추방당하게 된다.

6세에 국왕이 된 시메온

시메온은 1951년부터 스페인에서 생활하였고, 한 때 미국의 밸리포지(Valley Forge) 사관학교에서 공부하기도 했다. 시메온은 1996년 왕정이 폐지된 지 50년 만에 불가리아를 방문하였고 대중은 그를 환영했다. 2001년 그는 새로운 정당을 만들 것을 선언하고 불가리아로 완전 귀국한다. 그의 이름을 딴 국민운동당(NMSP)은 2001년 6월 총선에서 대승하였고, 그는 2001년 7월부터 2005년 8월까지 총리를 역임한다. 그러나, NMSP는 2005년 선거에서 제2당이 되면서 연정에 참여하였고, 2009년 선거에서 한 석도 획득하지 못하면서 그는 정계를 은퇴한다.

불가리아에서 시메온에 대한 평가는 그리 호의적이지 않다. 정치적 혼동기 총리를 역임하면서 국익보다는 사리사욕을 챙겼다는 비난도 있다. 그는 최초 과거 왕족 소유 재산에 대한 소유권 주장을 하지 않겠다고 했으나, 점차 방대한 토지와 자산에 대한 권리를 주장했다고 한다.

50년 만에 귀국한 시메온

한편, 그의 역임 기간 NATO에 가입했고, 연정 참여시 EU 가입이 실현된 업적에 대한 평가도 있다. 제2차 세계 대전과 공산체제, 자유화의 시대를 목도한 노 정치인에 대한 평가는 역사의 몫일 것이다.

EU 회원국의 위상과 극복 과제

공산권 붕괴 후 불가리아는 안보측면에서 NATO 가입, 정치경제적으로 EU 회원국을 공식 추구하였고 2004년 NATO, 2007년 EU 가입을 실현한다. 당시 외교장관이었던 솔로몬 파시(Solomon Passy)는 지금도 학술단체인 애틀란틱클럽(ATC) 회장으로 서구화의 이론적 토대를 제공하고 있다.

불가리아는 완전한 EU 멤버 실현을 위한 마지막 관문인 사람과 돈의 자유로운 이동, 즉 쉥겐 조약과 유로존 가입의 숙제를 남겨두고 있

애틀란틱클럽(ATC) 솔로몬파시 회장

다. 불가리아는 2024년 1월 유로존 가입을 목표로 하고 있는데, 1997년 부터 레바-유로 고정환율제도를 안정적으로 실시하고 있기 때문에 전망은 낙관적이다. 다만, 불가리아의 1인당 GDP가 EU 회원국 중 최하위권이므로 유로존 가입이 물가상승과 빈부격차 확대의 부작용을 가져올 것이라는 우려도 상존한다. 한편 시리아, 아프가니스탄, 우크라이나 사태로 인한 난민 문제로 쉥겐 조약 대상국 기준은 더욱 까다로워지는 상황이다.

부정부패 문제는 EU 회원국인 불가리아가 풀어가야 할 중요한 숙제이다. 2008년 세계경제 위기 여파 속에서 2009년 지프코프의 경호 대장 출신 보이코 보리소프(Boiko Borisov)가 이끄는 유럽발전시민당 (GERB)이 제1당이 되어 12년간 불가리아를 이끌어왔다. 유럽발전시민당 정부 하 부정부패와 조직범죄 문제는 EU 보고서에서 빠지지 않는 과제로 지적되어 왔는데, 급기야 2021년 6월 미국은 자국 법에 기초하여 부정부패 연루 불가리아인과 단체에 대한 제재 조치를 발표하기에 이른다. 개혁과 부정부패 해소에 대한 불가리아 국민의 열망도 뜨거워 2021년 세 번에 걸쳐 실시한 총선에서 개혁 기치로 급조된 정당이 모두 제1당을 차지하였다. 2022년 1월 수립된 연립정부는 부정부패 해소와 친시장 정책을 표방하였지만, 취약한 정치적 기반과 경험 미숙으로 결국 반년 만에 또다시 와해되고 2022년 10월 또다시 총선이 실시되는 등 정치적 불안정이 지속되고 있다.

자유화와 EU 가입 이후 불가리아가 걸어온 길에 대해서는 EU내 최빈국이라는 비난도 있지만, 불과 30년도 되지 않은 시기에 정치와 경제 측면에서 많은 성과를 거두었다는 평가도 상존한다. 6·25의 참화를 딛고 70여 년간 경제성장과 민주화의 길을 달려온 우리를 돌이켜볼 때, 불가리아의 오늘과 내일을 너무 성급하게 판단하고 전망할 필요는 없다고 본다. 우크라이나 전쟁으로 흑해 안보의 전략적 중요성이 새삼 부각되는 가운데, NATO와 EU 회원국이자 흑해 연안국인 불가리아가 정치적 안정과 경제발전을 이루어가면서 발칸의 EU 모범국으로 우뚝 서기를 성원한다.

소피아 국회의사당

제2장

장미의 땅에 넘치는 신의 선물

1

요구르트와 장수의 나라

요구르트와 풀이 만드는 장수마을

불가리아 요구르트가 세상에 알려진 것은 20세기 초 러시아 세균학자 메치니코프가 장수마을 스몰랸(Smolyan)의 요구르트에 포함된 특별한 유산균이 장수의 원인이라는 논문을 발표하고부터다. 메티니코프는 이 유산균을 '사락토바실러스 불가리쿠스'로 명명하였고, 이 연구로 1908년 노벨상을 수상했다. 불가리쿠스는 오직 불가리아 영토에서 생산되는 우유, 유제품, 녹색식물에서만 발견되는데, 몇몇 국가가 이 유산균을 수입하여 증식시키려했지만 실패했다고 한다. 우리나라에 잘 알려진 요구르트 상품 '불가리스'는 불가리아와는 아무런 관련이 없다.

불가리아인의 식사에는 요구르트가 빠지지 않는다. 먹는 방법도 다양해서 빵이나 과일과 같이 먹기도 하고, 아이란, 타라토르 같은 요리를 만들어서도 먹는다. 요구르트는 소화기 질병 치료와 고콜레스테롤 수치를 낮추는데 도움이 되고, 심지어 암과 같은 종양 치료에도 좋다는 설이 있다. 그러나 코로나 퇴치에도 좋은지는 과학적으로 증명되지 않았다.

장수마을 스몰랸   요구르트와 빵

로도피산맥의 산간마을 몸치로프치(Momchilovtsi)는 불가리아를 대표하는 장수마을 중 하나로 전통 요구르트 축제가 개최된다. 불가리아 물에 함유되어 있는 '제올라이트(Zeolite)'는 요구르트와 함께 장수의 비결로 축척된 독소 방출을 도와주는 물질로 알려져 있다. 산 좋고 물 좋은 곳에서 요구르트를 먹고 사는 자연인이 장수 마을을 만드는 것이다.

백만 송이 장미가 담겨있는 매혹의 향수

장미는 아프로디테의 사랑을 받던 소년 아도니스가 죽은 후 그 피와 눈물이 섞여 핀 꽃이라고 한다. 그래서 대부분의 장미는 붉은색이지만, 성모 마리아가 베일을 덮어둔 장미꽃이 흰색으로 변해 흰 장미가 되었다고 한다. 장미는 비밀을 지켜주는 꽃으로 알려져 있는데, 에로스가 어머니 아프로디테의 로맨스를 누설하지 말아달라고 침묵의 신 에포크라데스에게 부탁하자 그렇게 하겠다는 응답으로 장미를 보낸 데서 유래했다고 한다.

불가리아에서 장미 재배가 시작된 것은 오스만 시대로, 고대 트라키

카를로보 장미 축제

아 왕국의 수도였던 중부 카잔럭(Kazanluk) 지역은 장미가 자라기에
적합한 지형이라고 한다. 일교차가 큰 스타라 플라니나(Stara Planina)
계곡에서 자라는 장미는 스트레스를 많
이 받아 풍성하고 향기 짙은 장미유를 생
산한다. 적절한 스트레스가 삶에 탄력을
주는 인간사회와도 상통하는 듯하다.

　카를로보와 카잔럭 지역에서는 매년
5월 말과 6월 초 장미 축제가 개최된다.
2022년 카를로보(Karlovo)의 장미축제
에 가보았는데, 전통 공연과 장미 퀸 퍼
레이드 등 다양한 볼거리가 많았다. 카를
로보와 자매결연을 맺고 있는 독일의 작
은 마을 대표단도 참여해서 함께 즐기는

장미 퀸 카를로보 (2022년)

모습이 인상적이었다. 서울 장미축제를 개최하는 중랑구는 2016년 카잔 럭시와 MOU를 체결하여 불가리아 공연단과 홍보 부스가 서울의 장미 축제에 참여하고 있다고 한다. 카잔럭은 장미축제와 더불어 장미에 대한 각종 연구 개발을 하는 장미유 연구센터와 장미 박물관도 갖추고 있다.

　　장미꽃 잎에서 추출한 장미유는 고급 향수의 원료로 쓰이고, 비누나 크림 등 다양한 제품에 활용된다. 장미의 품종은 수천 종이지만 대부분 이 관상용이고, 다마스커스 등 일부만이 장미유의 원료가 된다고 한다. 장미 꽃 3,000kg에서 약 1kg의 장미유를 얻고, 1g의 장미유에 1,500송 이의 장미꽃이 들어있다고 하니, 백만 송이 장미를 선물하는 것이 비현 실적인 일이 아닌 셈이다. 불가리아 장미유는 세계 최고품질로 인정받고 있는데, 자유화 이후 국내적으로 경쟁이 심해져 품질관리 문제와 원조논 쟁이 있다고 한다.

Bulgarian Rose 각종 제품

붉은 와인 잔 잡은 떨리는 손 끝

디오니소스가 트라키아에서 기원했다는 설이 있을 만큼 불가리아 와인의 역사는 깊다. 불가리아는 한 때 프랑스, 이태리, 스페인에 이어 유럽 제4대 와인 생산국이었다. 마케팅 부족과 소규모 와이너리 경영으로 세계 시장에 잘 알려져 있지 않지만, 뛰어난 품질과 합리적인 가격으로 성장 잠재력은 매우 크다.

불가리아인의 식사에는 늘 와인이 함께 하는데, 보통 여름에는 화이트 와인이나 로제를, 겨울에는 레드를 즐긴다. 화이트 와인에 얼음을 타서 마시는 게 특이했는데, 고대에는 와인을 물에 희석시켜 마셨고 그냥 마시면 미개인 취급을 당했다고 한다.

불가리아에는 200여 개의 와이너리가 있고 대부분 음식점과 호텔, 스파 등을 겸하고 있다. 베사벨리(Bessa Valley), 샤토 콥사(Chateau

샤토콥사 와이너리

드라고미르(Dragomir) 와이너리

와인 만드는 가정 집

Copsa), 빌라 멜닉(Villa Melnik) 등의 와이너리는 한국에 와인을 수출하는데, 질 좋은 불가리아 와이너리를 구입해서 직접 경영하고 수출하는 것도 한-불 경제협력의 좋은 사례가 될 것 같다. 또 많은 가정에서 직접 와인을 만들고 소비하는데, 가을 포도 수확 철이 되면 온 마을에서 품앗이를 하면서 와인을 만드는 풍경을 볼 수 있다.

마브루드(Mavrud), 루빈(Rubin), 파미드(Pamid), 감자(Gamza), 디미아트(Dimyat) 등은 불가리아의 토종 포도 품종이다. 마브루드 품종에 대한 재미있는 전설이 있다. 한 크룸(Khan Krum) 왕이 포도재배를 금지하고 포도밭을 파괴하라고 명하였던 시기 마브루드라는 청년이 우리에서 탈출한 사자를 죽여 공포에 빠진 도시를 구했다. 크룸 왕이 용기의 근원을 묻자 마브루드의 어머니는 몰래 포도나무를 구해 포도주를 만들어 먹었다고 했으나, 현명한 왕은 어머니를 벌하지 않고 그 포도나무 품종을 마브루드라 명하게 하고 포도나무 재배를 다시 허락했다고 한다.

라키야(Rakiya)는 불가리아 전통 과일주로 화학주가 아니라 몸에 좋다고 한다. 40도가 넘는데 일반적으로 식전주로 마시고 그 후 와인을 마셔, 약한 술을 먼저 마시는 우리와 주법이 다르다. 많은 가정이 각양각색의 과일로 만든 독특한 자가 라키야를 가지고 있고 귀한 손님이 오면 가보처럼 내와서 함께 즐긴다. 특히 자녀 결혼식을 위해 가양주로 빚은 라키야를 수십 년 전 준비했다가 결혼식 날 귀빈들을 대접한다고 한다.

풍요로운 땅이 선사하는 건강식

불가리아는 비옥한 땅과 풍부한 일조량으로 예로부터 비료를 주지 않아도 높은 농업 생산력을 유지해 왔다. 토마토, 감자, 해바라기 등 농작물이 풍부하고, 가축도 잘 자라 예로부터 낙농업이 발달되어 왔다.

불가리아 음식은 채소와 요구르트를 곁들이는 건강식으로 구성되어 있다. 숍스카 샐러드(Shopska Salad)는 토마토, 오이 등에 치즈를 뿌려먹는 대표적 건강식이고, 타라토르(Tarator)는 요구르트에 오이를 잘게 썰어 넣어 만든 차가운 스프로 우리 냉면처럼 여름철

각종 치즈와 야채

별미다. 바니짜(Bannitza)는 전통 빵으로 대개 아침 주식으로 먹고, 우리 떡볶이처럼 길거리에서도 즐기는 대중음식이다. 크리스마스 때는 빵

타라토르(Tarator)

에 꽂은 찌로 다음 해 운수를 보는 풍습이 있는데, 2022년 운수대통 찌를 뽑아 고이 간직하고 있다. 샤르미(Sarmi)는 양배추나 포도 잎으로 싸서 만든 요리인데 우리의 연잎 밥과 비슷하다. 감자는 세계 최고 품질이라고 자부할 만하고, 오그레텐(Au Gratin), 파타트닉(Patatnik) 등 다양한 요리가 있다. 돼지고기, 닭고기, 양고기 등은 풍부하지만 소고기는 흔하지 않고 대부분 수입이라 가격이 비싼 점이 특이했는데, 과거 종교적 이유 등으로 소보다는 양을 주

로 키웠기 때문이라고 한다.

불가리아에도 우리 김치와 비슷한 음식이 있는데 양배추, 파프리카 등으로 절임을 만들어 식사 때마다 입맛을 돋군다. 가을 끝자락에 겨울 준비를 위해 큰 통에 시큼하게 절인 양배추 피클인 '키셀로 젤레(Kiselo Zelje)'를 만드는 풍경은 우리의 김장 담그는 모습과 많이 닮았다. 또 고추 등 매운 음식을 즐겨먹는 것을 보고 의아해 하면서도 동질감이 느껴졌다. 한국에서도 불가리아 음식을 즐길 수 있는데, 방송에도 많이 출연하여 유명해진 미카엘 셰프의 불가리아 레스토랑에서 맛볼 수 있다.

2

행복은 성적순이 아니잖아요

불가리아의 1인당 GDP는 1만1천 달러 정도로 EU 회원국 중 최하위이다. 그럼에도 불가리아인의 삶에는 여유와 낭만이 넘쳐난다. 아름다운 자연과 뚜렷한 사계절, 비옥한 땅과 풍요로운 농작물이 기본적인 삶을 보장해준다. 대부분의 가정이 집을 2~3채 정도는 가지고 있어 우리처럼 평생을 아끼고 절약해서 집을 사야하는 시름이 없다. 상속세가 없으니 할아버지 세대의 집은 언제가 자신의 집이 되는 셈이다. 게다가 땅 넓이는 우리나라와 비슷한 데 인구는 1/7 정도이니 어디를 가도 여유가 있다. 불가리아인은 10레바가 생기면 바로 식당에 가서 10레바 어치 음식을 사먹는다는 말이 대책 없는 베짱이의 놀음만은 아닌 듯하다.

1인당 국민소득 3만 달러를 넘어선 우리나라는 1만 달러 국가는 우리보다 3배 정도 못살 것이라고 생각하는 사람이 많다. 남보다 조금이라 뒤질세라 늘 긴장해있고, 자기가 믿는 정의에 반하는 남의 행동에 쉽게 흥분하고, 편 가르기와 다른 편에 대한 증오에 길들여져 있는 대한민국의 일면을 떠올리면 '행복은 성적순이 아니잖아요'라는 말을 떠올리게 된다.

손에 손 잡고 호로(HORO)

3명 이상의 불가리아인이 모이면 즐기는 놀이가 호로(Horo)라는 단체 춤이다. 손에 손 잡고 원을 그리듯 옆으로 돌면서 일정 스텝에 맞추어 추는 춤으로, 남녀노소 모두가 즐긴다. 호로는 여러 형태가 있지만 스텝이 단조로워 따라하기 쉽다. 함께 춤을 추다보면 흥이 돌고 동질감이 느껴진다. 우리 조상이 즐기던 강강술래와 비슷한데, 우리의 전통문화는 언제부터인지 즐기는 문화가 아니라 감상하고 보존하는 대상이 되어버린 것 같아 아쉽다.

불가리아의 전통 음악은 북과 파이프 등의 악기 연주에 맞춘 남녀 보컬이 일반적 형태다. 우리 판소리와 비슷한 측면이 있어 서편제 영화가 불가리아에서 큰 인기를 끌었다고 한다. 숍스키(Shopski) 지방에서 전해져 내려오는 전통 춤과 폴리포니[1]인 비스트리쉬키 바비(Bistrishki

가이다 연주

---

1 polyphony, 두 성부 이상으로 이뤄진 다성음악에서, 각각의 성부가 독립적인 역할을 하는 음악적 짜임새

Babi)는 2008년 유네스코 무형문화유산으로 등재되었다.

가이다(Gaida)는 양 가죽으로 만든 백파이프(bagpipe)로 불가리아를 대표하는 전통악기다. 천여 명이 산등성이에서 가이다를 동시에 연주하는 모습은 장관이다. 1997년 NASA가 쏘아올린 보이저 1호의 골든 레코드에는 가이다에 맞춰 발랴 발칸스카(Valya Balkanska)가 부른 불가리아 민요 '이즈렐 에 델요 하이두틴(Izlel e Delyo Haydutin)'가 담겨져 지금도 우주를 여행하고 있다.

찰가(Chalga)는 불가리아 전통음악에 팝송이 가미된 독특한 음악인데, 1990년대 억압된 공산체제에서 분출된 자유화 분위기를 바탕으로 자연 발생했다고 한다. 특유의 빠른 리듬과 선정적인 춤이 특색으로, 음악 비디오나 클럽 등을 통해 대중의 사랑을 받지만 지나치게 외설적인 표현 때문에 일부 거부감도 있다고 한다. 찰가는 세르비아, 그리스 등에서도 즐기는 발칸의 대중음악이다.

'친애하는 조국(Dear Motherland, Mila Rodino)'은 1964년부터 불가리아 국가로 사용되고 있다. 츠베탄 라도스라포프(Tsvetan Radoslavov)가 1885년 불가리아-세르비아 전쟁터를 돌아다니면서 작곡한 '자랑스러운 발칸산맥(Proud Stara Planina)'의 일부라고 한다. 불가리아 국가는 매우 장엄해서 들을 때마나 가슴 뭉클해지는 비장함이 있다.

불가리아 현대 음악은 공산체제 시 동유럽 많은 국가에서 사랑받았다. 릴리 이바노바(Lily Ivanova)는 1960년대부터 활동한 대중가수인데, 82세인 2021년 12월 소피아 최대 공연장인 국립문화궁(NDK)에서 연속 3일 공연을 성황리에 열만큼 아직까지 불가리아인의 사랑을 받고 있다. 100년 후로 보내는 테잎에 그녀의 노래가 포함되었다고 한다.

불가리아의 오페라, 오케스트라 수준은 유럽의 어느 곳과도 견줄 수 있는 실력과 명성을 자랑하는 반면, 공연 관람료는 상대적으로 저렴해서 이곳을 찾는 유럽인에게 공연장은 인기 코스다. '게나 디미트로바(Ghena Dimitrova)'는 시대를 풍미했던 오페라 가수로 88서울올림픽 문화 행사 계기 '투란도트' 공연을 위해 방한하여 한국의 올림픽 성공에 기여한 인연을 가지고 있다. 알렉스 펜다(Alex Penda), 소냐 욘체바(Sonya Yoncheva) 등이 게나의 뒤를 이어 불가리아 출신 세계적인 오페라 가수로 활약하고 있다.

파티와 함께 나즈드라베

술과 춤과 노래가 있는 파티는 생활의 중요한 일부분이다. 보통 저녁 식사는 밤늦게까지 지속되고, 식사 후 파티는 새벽까지 이어진다. 원래 낙천적인 성품에다 전환기의 좌절을 겪으면서 냉소나 체념이 섞인 탓이라는 해석이 있다. 한국보다 위도가 높아 여름철에는 밤 9시나 9시 반경까지 해가 지지 않아 긴 저녁을 즐기는 인파로 거리는 북적인다.

불가리아 전통공연

한국, 일본, 중국에서는 잔을 부딪칠 때 보통 '건배'나 '위하여'를 제안하지만, 불가리아인은 '건강을 위하여'라는 뜻의 '나즈드라베(Nazdrave)'를 외친다. 1943년 히틀러의 유대인 송환 요구를 거절하던 불가리아 왕 보리스 3세가 독일을 방문하여 히틀러와 만찬 후 급사하였는데, 독살설 등이 제기되었지만 물증은 없었다고 한다. 그 후 불가리아인은 잔을 부딪칠 때는 반드시 상대의 눈을 보면서 '나즈드라베'를 외친다. 혹여라도 '내 잔에 독을 넣은 것은 아니지'라는 다짐을 받듯이.

남녀노소가 즐기는 전통 문화

3월 1일은 봄의 시작을 축하하는 바바 마르타(Baba Marta)의 날로, 빨간색과 흰색 실을 사용해 만든 마르테니차(Martenitsa)를 남녀노소 모두가 몸에 지니고 다닌다. 또 남녀 한 쌍의 인형 등 다양한 디자인의 실 장식을 나무나 대문에 매달기도 한다. 마르테니차를 몸에 지니고 다니면 불가리아의 친구가 된 것처럼 느껴지고, 따스한 봄과 함께 건강과 행복이 찾아올 것을 믿게 된다.

불가리아 전통 의상은 '노씨야(Nosiya)'라 불리며, 흰 옷의 긴소매에 빨간, 검정색의 조끼가 일반적이다. 여성 옷은 네 종류로 싱글 애프론,

마르테니차

불가리아 전통의상 노씨야(Nosiya)

더블 애플론, 튜닉, 샤야나 등이 있고, 남성 옷은 흰색과 검은 색의 두 종류가 있다. 불가리아의 각 지역마다 형형색색의 특이한 전통 복장을 가지고 있다. 쉐비치(Shevitsi)는 화려한 색상의 자수로 건강과 풍요를 가져오고 나쁜 기운을 막아준다고 한다.

다 하면 다 된다, 네 하면 안 된다

키릴문자는 불가리아인의 자부심이다. 키릴(Cyril)과 메토디우스 (Methodius) 형제는 글라골리자(Glagolica) 문자를 고안하였으며 이는 그리스어로부터 각종 교회서적을 번역하는데 사용되었다. 그후 1차 불가리아 왕국 시기인 9세기 오흐리드 대학에서 키릴의 제자 클레멘트 (Clement)와 나움(Naum) 형제 등이 글라골리자를 바탕으로 키릴문자를 만들고 발전시켰다. 키릴 문자는 기독교를 슬라브족에 전파하는데 큰 기여를 하였고, 지금은 러시아, 우크라이나, 세르비아, 벨라루스, 북마케도니아 등에서 사용되고 있다. 불가리아는 매년 5월 24일을 우리 한글날처럼 키릴 문자의 날로 지정하여 기념하고 있다.

키릴과 메토디우스 형제

불가리아에서 '네(Ne)'는 No, '다(Da)'는 Yes 이다. '네' 할 때는 고개를 위아래로 끄덕이고, '다'는 좌우로 흔든다. 이는 오스만 식민 지배 시기 거꾸로 답하는 습관에서 유래했다는 설이 있다. 오스만인은 불가리아아인에게

초기 키릴문자

이슬람교 개종을 강요하며 개종했는지 묻고 그렇다고 하면 살려주고 그렇지 않다고 하면 목숨을 빼앗았다고 하는데, 살기 위해 겉으로는 긍정하나 마음속으로는 부정을 표시한 것이 이러한 고개를 거꾸로 끄덕이는 응답법을 만들었다는 것이다.

불가리아에서 가장 많이 쓰이는 단어는 '도브레(Dobre)'이다. 'Good, OK' 뜻인데 낙천적이고 긍정적인 불가리아인에게 어울리는 말이다. 오비챰은 '좋아한다, 사랑한다'는 뜻으로 많은 불가리아인이 '오비챰 코레야(obicham Korea)'를 외치고, '오비챰 불가리아(obicham Bulgaria)'는 말에 환호를 보낸다.

3

신과 사람의 대화

아름다운 숲속의 요정 사모디바

불가리아는 불가르족, 슬라브족, 트라시안 등이 함께 만든 나라이므로 불가리아의 신화와 전설에는 다양한 토속 신앙과 기독교적 요인이 복합적으로 내재해 있다. 또 농경사회에서 기인하는 가족과 자연을 배경으로 한 이야기가 많다.

사모디바(Samodiva)는 금발의 아름다운 숲속의 요정(님프)이다. 이들은 숲과 산속에 살면서 강과 호수, 우물 등을 통제하는데, 이들이 물을 차단해버리면 가뭄이 발생한다고 한다. 사모디바는 자신들의 영역보존 의식이 강해, 영역을 침범하는 자는 흔적도 없이 사라져버리거나 치명적인 병에 걸린다고 한다. 이들은 또 휴일, 특히 부활절(Easter)을 좋아해서, 휴일을 존중하지 않는 사람은 죽이거나 장님으로 만들어 버린다고 한다.

사모디바의 힘의 원천은 깃털처럼 생긴 옷으로, 이 옷을 빼앗기면 인간에게 복종하게 된다고 한다. 나무꾼에게 옷을 빼앗겨 하늘나라로 올

아름다운 사모디바

라가지 못하게 된 선녀를 떠올리면, 동서고금을 막론하고 옷이 날개임
은 분명한 것 같다.

못된 용 람야와 삼형제

유럽의 신화에 자주 등장하는 용(dragon)은 불가리아의 전설에서도
악명을 떨친다. 람야(Lamya)는 개의 얼굴을 한 거대한 암컷 용으로 사
람이나 소를 한 입에 삼켜버릴 수 있을 정도로 크다. 람야는 사모디바처

람야와 삼형제

럼 물을 통제해 마을 사람들을 괴롭히고, 사람을 먹이로 바치게 했다. 한편, 즈메이(Zmey)는 수컷 용으로 람야의 적이다. 즈메이는 인간의 형상을 하고 우유나 흰 빵, 와인을 마시고 인간에게 우호적이었다고 한다.

람야는 많은 동요와 동화의 모티브가 되어왔는데, 용과 삼형제에 관한 동화는 누구나 아는 이야기다. 삼형제가 사는 정원의 사과나무에 황금사과가 일년에 한 개씩 열리는데, 매년 용이 와서 훔쳐갔다. 이 용을 해치우기 위해 맏형이 칼을 들고 사과나무에서 기다렸지만 잠이 들고 말았다. 다음 해에는 둘째가 시도했지만 역시 잠들어버렸다. 그 다음해 가장 영리한 셋째는 새끼손가락에 상처를 내고 소금을 바르고 기다렸다. 상처의 고통 때문에 잠들지 않은 셋째는 마침내 용을 죽이고 더 이상 황금 사과를 잃어버리지 않게 되었다. 삼형제나 삼자매 중 막내가 가장 지혜롭고 용감한 것은 우리 전설과도 비슷하다.

가난하지만 영리한 히타르 페타르

히타르 페타르(Hitar Petar, Witty Petar)는 16-17세기 오스만 치하에서 만들어진 이야기로, 불가리아의 평민 히타르 페타르와 이슬람 지배자 나스트라딘 호자(Nastradin Hodja)를 대비한 풍자와 해학이다.

어느 날 페타르가 시장에서 무척 맛있는 냄새가 나는 스프를 보았는데, 스프를 살 돈이 없었다. 페타르는 가지고 있던 빵 조각에 스프의 김을 묻혀서 먹었고, 이를 본 스프가게 주인은 돈을 내라면서 내지 않으면 막대기로 때리겠다고 했다. 그러자 페타르는 "나는 스프를 먹은게 아니라 스프의 김을 먹었으니, 내가 아니라 내 그림자를 때려라"고 했고, 시장 사람들은 욕심 많은 스프가게 주인을 비웃었다고 한다.

히타르 페타르

그의 오랜 라이벌인 나스트라딘 호자가 재미있는 유머를 들려달라고 하자, 페타르는 조금만 기다리면 집에 가서 유머 보따리를 가져오겠다고 했다. 아무리 기다려도 페타르가 돌아오지 않자 그때서야 호자는 그 말 자체가 유머라는 것을 깨달았다. 간을 가지러 간 토끼를 기다리던 거북이는 얼마쯤 후에 토끼가 돌아오지 않을 것이란 걸 깨달았을까.

가사를 관장하는 키키모라와 스토판

키키모라(Kikimora)은 가사를 관장하는 상상속의 여성이다. 슬라브족의 신화로 기독교를 받아들인 후에도 믿음이 강했다고 한다. 키키모라는 개, 닭, 염소 등 여러 동물의 형상을 띄고, 인간에 도움이 되기도

키키모라와 스토판

해를 끼치기도 한다. 집이 잘 정돈되어 있으면 키키모라는 청소나 주방
등의 가사를 도와주지만, 그렇지 않으며 접시를 깨거나 밤에 시끄럽게
해서 집안을 더욱 엉망으로 만들어버린다.

　스토판(Stopan)은 가족과 집을 지켜주는 남성으로, 조상들의 얼이
담겨 있다고 한다. 스토판에 관한 이야기는 지역에 따라 다양한데, 새
집을 지을 때는 양이나 소의 피로 스토판의 보호를 기원하는 의식을 치
렀다고 한다.

4

불가리아를 빛낸 사람들

불가리아 근대문학의 아버지 이반 바조프

이반 바조프

"국립극장 : 이반 바조프 (National Theater : Ivan Vazof)" 소피아 국립극장 현판의 글이다. 시인 이반 바조프 (Ivan Vazof)는 불가리아 독립의 정신적 지주이자 불가리아 근대문학의 아버지로 불린다.

　이반 바조프는 흐리스토 보테프의 영향을 받아 독립투쟁에 뛰어들었고, 1876년 4월혁명이 오스만의 탄압으로 실패하자 러시아의 지원을 호소했다. 그의 시 '깃발과 구슬레'(The Banner and Gusle, 1876)[1], '파나구르 혁명의 노

---

1 구슬레 : 동남부 유럽지역에서 연주되는 나무로 된 찰현악기

국립극장

래'(Song of the Panagur Rebels), '불가리아의 슬픔'(The Sorrow of Bulgaria, 1877) 등은 불가리아인의 애국심을 불러일으키고 4월혁명의 참상을 전 유럽에 고발했다. 그의 바람대로 러시아는 오스만과 전쟁을 벌였고 불가리아는 독립을 쟁취한다. 소설 '멍에'(Under the Yoke, 1890)는 평화로운 불가리아가 조국의 자유를 위한 혁명전쟁으로 전환하는 과정을 잘 묘사고 있다. 독립 투쟁기 피를 끓게 하는 그의 글은 "펜은 총보다 강하다(The Pen is mightier than the Sword)"는 격언을 실감하게 한다.

바조프는 독립 후 정치가로 활동해 쿠테타 정부 시 친러파로 지목되어 러시아 오데사로 망명하기도 했지만, 1899년 교육부 장관을 마지막으로 정계를 떠난다. 그는 1차 세계대전 시 불가리아의 3국 동맹 참여를 반대했지만, 참전 후에는 전승을 기원하기도 했다. 1919년 11월 뇌이조약으로 많은 영토를 잃는 국가적 재앙이 발생할 때에도 그는 불가리아의 미래에 대한 믿음을 잃지 않았다. 1917년 노벨 문학상 후보로 지명되었던 그는 1921년 71세로 생을 마감한다.

ABC 발명가 존 아타나소프

인류 최초의 컴퓨터 ABC(Atanasoff Berry Computer)를 발명한 불가리아계 미국인 존 아타나소프(John Atanasoff)는 IT 강국을 꿈꾸는

ABC 컴퓨터

불가리아의 자랑이다. 아타나소프는 아이오와 대학교에서 조수 Berry 와 함께 2차대전 직전 ABC 컴퓨터를 만들었다. 이후 최초의 컴퓨터를 둘러싸고 ENIAC(Electronic Numerical Integrator and Calculator) 과 오랜 논쟁 끝에 1973년 미 연방대법원으로부터 승소 판결을 받는다.

아타나소프의 아버지는 불가리아 동부 얌볼(Yambol)에서 태어났고 13세 때 미국으로 이주했다. 아타나소프는 두 번 불가리아를 방문했는 데, 1970년 키릴과 메소도스(St. Cyril and Methodius) 훈장을 수여하고 과학원에서 강의했다. 1985년 방문시에는 스타라 플라니나(Stara Planina) 훈장을 수여하고, 얌볼 명예시민이 되었다. 소피아 테크 파크(Sofia Tech Park)에는 그의 이름을 딴 컨벤션 홀 존 아타나소프 포럼(John Atanasoff Forum)이 있다.

존 아타나소프 포럼

순백의 형제애를 주창한 페테르 되노프

페테르 되노프 추모 음반

베인사 도우노(Beinsa Douno)는 페테르 되노프(Peter Deunov)의 영적 이름이다. 범우 주순백형제애(Universal White Brotherhood)로 대변되는 그의 정신세계는 무척 심오하다. 아인슈타인과 톨스토이도 그를 칭송했다고 하며, 톨스토이는 그를 만나러 여행하던 중 병사했다고 알려져 있다.

1944년 사후 그의 강의는 책으로 기록되어 전해지고 있으며, 제자 옴란 미카엘 아이반호프(Omraam Mikkhael Aivanhov) 등 세계적으로 많은 추종자가 있다고 한다. 릴라산 세븐레이크에서는 매년 수 천 명이 모여 흰 옷을 입고 춤추는 의식을 거행한다.

사랑이 없는 데서 사랑으로, 죽음에서 생명으로, 악에서 선으로,
불신에서 신뢰로 가는 것, 이것이 바로 삶의 의미다.
사랑이야말로 모든 힘 중 가장 위대한 것이다.
−페테르 되노프−

월드컵 4강 신화 흐리스토 스토이츠코프

2002년 월드컵 4강 신화를 회상하면 아직도 가슴이 뜨거워지는 한국인이 많은데, 불가리아에도 1994년 월드컵 4강 신화가 있다. 흐리스토 스토이츠코프(Hristo Stoichkov)를 주역으로 한 불가리아팀이 8강에서 전대회 우승팀 독일을 꺾는 장면은 많은 불가리아인에게 가슴 벅찬 희열로 새겨져 있다.

흐리스토 스토이츠코프 1994월드컵 8강전

스토이츠코프는 1966년 플로브디프에서 태어나, 소피아 프로팀을 거쳐 1991년부터 바르셀로나(FC Barcelona)에서 활약했다. 뛰어난 성적으로 1994년 유럽 올해의 선수로 지명되기도 했지만, 격정적 성격 탓에 '화난 황소(raging bull)'라는 별칭도 얻었다. 2003년 은퇴 후 2004년 국가대표팀 감독이 되지만 저조한 성적과 선수와의 잦은 갈등으로

2007년 감독직을 사임하고 2013년부터는 스페인어 축구 해설가로 탈바꿈했다. 스토이츠코프는 불가리아인의 가슴에 영원한 축구영웅으로 남아있다. 지금도 그가 나타나면 남녀노소를 불구하고 환호를 보낸다. 언제 다시 올지 모르는 4강 신화의 재현을 꿈꾸며.

리듬체조의 요정들

불가리아 스포츠하면 가장 먼저 떠오르는 것은 여자 리듬체조다. 2020 도쿄 올림픽에서도 불가리아 여자 리듬체조 단체팀은 금메달을 따냈다.

2020 도쿄 올림픽 불가리아 리듬체조

불가리아 여자 리듬체조의 황금기(Golden Girls of Bulgaria)에는 네쉬카 로베바(Neshka Robeva)가 있다. 그녀는 1974년부터 1999년까지 국가대표 코치를 맡았고, 그 기간 세계 및 유럽 선수권 대회와 올림픽에서 무려 294개의 메달을 획득했다. 그러나 지나치게 엄격한 원칙과 규율을 강요한다는 비판도 있는데, 제자인 스텔라 사라파티스카(Stela Salapatiyska)와 비앙카 파노바(Bianka Panova)는 그녀로부터 모욕과 폭행을 당했다고 공개적으로 언급하기도 했다.

로베바의 뒤를 이어 국가대표 코치를 맡은 일리아나 라에바(Iliana Raeva)는 1980년대초 선수 절정기를 거친 후 지도자가 되었다. 그녀가 어느 대회 참가를 위해 비행기를 타려고 했는데 문제가 생겨 혼자만 타지 못했는데, 그 비행기가 사고를 당해 탑승자 전원이 사망했다고 한다. 불가리아 리듬체조를 위해 아직 할 일이 남아있었던 듯하다.

제3장

걸어서 불가리아 속으로

1

산과 강과 온천의 천국

산이 제공하는 무한 쉼터

불가리아는 '발칸의 스위스'라 불리듯 산과 숲이 많다. 국토의 37%가 숲이고, 유럽에서 두 번째로 많은 12,360종의 식물 다양성을 보유하고 있다. 산은 불가리아인에게 특별한 존재다. 외세의 침략에 맞서 싸울 때 의지하고 이용했던 피신처이고, 역사와 문화를 지켜준 보금자리였으며, 지금은 현대인의 생활에 활력을 주는 등산과 트래킹, 스키, 온천 등을 제공하는 안식처이다.

비토샤(Vitosha)산

비토샤산에서 내려다 본 소피아 시내

발칸산맥은 불가리아 서쪽 끝에서 동쪽 흑해까지 불가리아 중앙을 가로지르고 있다. 서에서 동으로 약 600km의 트래킹 코스는 완주에 보름 이상 걸리는 매니아들의 특별코스다. 발칸산맥 최고봉 보테프(Botev)는 불가리아의 시인이자 혁명가였던 국가 영웅 흐리스토 보테프(Hristo Botev)의 이름에서 유래되었으며, 장미언덕을 품고 있는 불가리아 중심부에 위치해 있다.

수도 소피아(Sofia)는 발칸산맥 봉우리로 둘러싸인 분지에 자리 잡고 있다. 소피아 남쪽의 비토샤(Vitosha)산은 해발 2,290미터로 도시인에게 풍성한 레져 거리를 제공한다. 해발 1,780m까지 자동차로 올라갈 수 있고 중턱까지 시내버스도 다닌다. 주말에는 오전 11시부터 오후 2시까지 자동차 입장을 금지해야할 정도로 방문객이 많다. 겨울

릴라(Rila)산 세븐레이크(Seven Lakes)

눈 산을 좋아하는 산악인에게는 최고의 조건으로, 매 주말 등산을 다녀도 늘 새로운 길로 다닐 수 있을 정도로 다양한 트래킹 코스가 만들어져 있다.

릴라(Rila)산의 무살라(Musala) 정상은 2,925m로 그리스의 올림푸스산보다 8m 높은 발칸반도의 최고봉이다. 릴라산은 해발 2,600m 이상 봉우리를 31개나 가지고 있으며, 무살라 정상 등정 길의 세븐 레이크(Seven Lakes)는 척박한 암석 사이에 새파란 둥지를 틀며 등산객을 유혹하고 있다. 릴라산 중턱의 릴라 수도원은 이반 릴스키(Ivan Rilsky, 876-946)가 설립한 이래 불가리아 정교의 중심으로 불가리아인의 정신적 지주 역할을 해왔다. 종교뿐만 아니라 불가리아 문학과 역사의 성지로 소피아 관광객의 필수코스다. 불가리아 화폐 1레브에 이반

릴라 수도원

피린(Pirin)산 자락의 별장

피린 골프클럽

릴스키가 새겨져 있는데, 불가리아인이 릴라 수도원을 얼마나 소중히 여기는지 가늠할 수 있다.

　피린(Pirin)산 최고봉 비흐렌(Vihren)은 2,914m로 불가리아 두 번째, 발칸 세 번째 봉우리다. 아름다운 빙하가 녹아만든 호수가 둘러싸고 있는 피린 국립공원은 유네스코(UNESCO) 자연 유산으로 등재되어 있다. 피린산 스키장은 '발칸의 알프스'로 불리며 유럽 각지로부터 관광객이 몰려들고, 반스코(Bansko)는 온천과 골프장을 갖춘 사계절 휴양도시로 유명하다.

　로도피(Rodopi)산맥은 불가리아 동남쪽 위치하여 그리스, 튀르키예와 국경을 접하고 있다. 최고봉 골럄 페레릭(Golyam Perelik)은 2,191m로, 동굴과 폭포, 호수 등의 자원을 갖추고 있는 관광명소이다. 요구르트와 천연 수로 유명한 스몰랸 장수마을이 자리한 곳이기도 하다.

불가리아와 루마니아를 가르는 다뉴브강

아름다운 다뉴브강

다뉴브(Danube)강은 불가리아에서는 두나브(Dunav)강으로 불리며, 러시아의 볼가(Volga)강에 이어 두 번째로 긴 강이다. 독일 서남부에서 발원하여 오스트리아와 헝가리, 세르비아를 거쳐 불가리아와 루마니아의 국경선을 만들며 2,858km의 대장정을 거쳐 흑해로 흐른다. 어원은 강의 여신 '다누(Danu)'에서 유래했다고 한다. 1856년 파리선언으로 자유통항이 확립되었고, 1919년 베르사유조약에 의해 국제하천이 되었다. 우리에게는 2019년 5월 헝가리 부다페스트 유람선 사고가 슬픈 기억으로 남아있다.

다뉴브강 하류 흑해 연안의 도브르자(Dobrudja) 지역은 1차 불가리아 왕국의 발원지로, 근세에는 독일과 프랑스 사이 알자스로렌 지역과 같이 루마니아와 불가리아가 서로 뺏고 빼앗긴 오랜 분쟁의 역사를 안고 있다.

다뉴브강으로 흐르는 이스카르(Iskar)강

이스카르(Iskar)강은 릴라산에서 기원해서 북쪽 다뉴브강으로 흐르는 불가리아에서 가장 긴 368km의 강으로, 수도 소피아에 수원과 함께 다양한 레크리에션을 제공한다. 불가리아 강의 대부분은 북쪽 다뉴브강이나 동쪽 흑해로 흐르지만, 남동쪽으로 흐르다가 그리스와 튀르키예 경계를 통해 에게해로 빠지는 강은 마리차(Maritsa)강이 유일하다. 불가리아에서 두 번째로 긴 321km로 그리스어로는 '에브로스(Έβρος)'강으로 불린다. 마라차강은 불가리아를 벗어나면 튀르키예와 그리스의 국경선이 되는데, 튀르키예에서 그리스로 불법 이민에 자주 이용되어 그리스 측이 국경에 장벽을 설치했다고 한다.

온천 천국, 반야 바시

불가리아를 살기 좋은 곳으로 만드는 이유 중 하나는 건강에 좋은 온천이 풍부하다는 것이다. 불가리아에는 700개 이상의 광천이 있으며 온천수의 화학성분, 온도 및 특성도 다양하다. 트라키아인이 최초로 온천수의 효험을 알게 되었고 로마의 목욕탕 문화 발전에 기여했다. 로마시대 불가리아 지역은 온천으로 유명했고 온천이 있는 곳에 도시가 발달했다. 흑해 연안 도시 세인트 콘스탄티누스와 헬레나는 콘스탄티누스 1세가 어머니 헬레나를 모시고 와서 온천수로 치료를 성공적으로 마치고 돌아간 일화에서 유래되었다. 히사랴(Hisarya)는 디오클레티아누스 황제가 온천수에 매료되어 도시를 만들었다고 하고, 김일성도 이 온천을 좋아해 두 번이나 방문하였다고 한다.

반야 바시(Banya Bashi) 모스크 온천

불가리아 온천은 피부에도 좋지만 대부분 마실 수 있어 몸을 치유하기도 한다. 소피아 중심 반야 바시 모스크 옆에는 1년 내내 온천수가 콸콸 쏟아지는데 빈 물통을 들고 온천수를 받아가는 사람들이 줄을 잇지만 그래도 대부분은 그대로 흘려보내 아깝다는 생각이 들었다. '반야 바시(Banya Bashi)'는 '물이 많다'는 뜻으로, 온천 물 덕분에 겨울철 따로 난방을 하지 않아도 되는 곳에 모스크를 지었다고 한다. 소피아 남쪽 사파레바 반야(Sapareva Banya), 벨친(Belchin) 등은 온천으로 유명한 중소도시이다.

불가리아의 스파 온천은 우리나라와 운영방식이 약간 다르다. 남녀가 수영복을 입고 함께 사용하고, 수영장, 사우나, 휴게실 등이 갖추어져 있어 우리의 목욕탕, 찜질방, 워터파크를 합쳐놓은 것과 유사하다. 처음에는 남녀 별도의 뜨거운 탕이 없어 불편하다고 느꼈는데, 익숙해지니 온천과 사우나, 수영을 함께 즐길 수 있는 장점도 돋보였다.

2

흑해를 품은 바르나와 부르가스

짙푸른 흑해

흑해(Black Sea)는 실제로 짙푸른 색의 바다이다. 그럼에도 '검은 바다'라고 불린 이유는 폭풍우가 몰아치면 검게 변해기 때문이라는 설과 오스만의 풍수지리상 북쪽은 검정(흑)에 해당하기 때문이라는 설이 있다. 흑해는 동서로 약 1,150km, 남북으로 610km의 내해로, 완전한 내해는 아니고 튀르키예의 보스포루스 해협, 마르마라해, 다르다넬스해협을 거쳐 지중해의 에게해와 이어져있다. 다뉴브강, 드네프르강 등 동유럽의 많은 강이 흑해로 모여들고 강수량도 많아 다른 바다에 비해 염분이 낮다. 다만 흑해와 에게해가 이어지는 보스포루스 해협은 소금 농도가 높고 해류도 거세다.

흑해는 예로부터 수상교통과 국가 간 무역에서 중요한 역할을 해왔다. 콘스탄티노플(이스탄불)을 차지하기 위해 로마 제국과 이슬람 제국이 천 년 동안 싸워온 이유 중 하나이다. 근세에 들어서는 부동항을 찾아 남하하던 제정 러시아가 흑해를 남방 진출의 기지로 삼으면서는 1856년 크림전쟁 등 오스만과 유럽 열강의 패권경쟁의 무대가 되어왔다.

불가리아는 흑해를 따라 378km의 해안선과 209개의 해변을 가지고 있다. 해안선에는 별장과 호텔이 즐비하고 여름철이면 불가리아뿐만 아니라 러시아, 독일 등 유럽 각지에서 관광객이 찾는다. 불가리아 해변은 파도가 높지 않아 해양 스포츠를 즐기는데 최적이고, 겨울에도 평균 온도가 영하로 내려가지 않아 골프나 해변 스포츠를 즐길 수 있다. 특히, 체재비용이 저렴하여 장기체류객이 많다고 한다.

흑해 해변

July Morning

불가리아인 중 흑해 주변에 별장을 소유한 사람이 많다고 하는데, 1가구 1주택 정책을 추진하는 우리 입장에서는 부러울 따름이다. 또 공산정권 시절이래 수십만 명의 러시아인이 이 지역 별장을 소유하고 있는데, 미국의 러시아 경제제재 이후 매각하는 러시아인이 많다고 한다.

'July Morning(줄라이 모닝)'은 불가리아인이 즐기는 축제 중 하나로, 7월 1일 해돋이를 보기 위해 많은 사람들이 흑해를 찾는다. 6월 30일 밤에는 흑해 해변에서 모닥불과 함께 음악과 춤으로 밤을 새우고 일출과 동시에 모두 바다로 뛰어든다고 한다.

해변으로 가요 부르가스

소피아에서 우리 경부선과 같은 A1 고속도로를 타고 동쪽으로 380km 정도 달리면 흑해에 접한 부르가스(Burgas)가 나온다. A1은 불가리아 고속도로 중 유일하게 전체가 완공된 도로로, 소피아산악지대만 지나면 평탄한 고속도로가 흑해까지 펼쳐져 있다. 불가리아 고속도로의 제한속도는 140km인데, 지평선이 보이는 한적한 도로는 과속의 유혹에 빠져들게 한다.

부르가스는 이스탄불을 통해 흑해로 드나드는 해양물류의 거점이며, 도로, 철도, 항공을 두루 갖춘 물류 중심도시이다. 튀

부르가스 명예영사

부르가스 시장과 K-Pop 팬들

르키예 국경까지 자동차로 한 시간 거리로 리라화가 폭락한 후에는 물건을 사러 국경을 넘나드는 불가리아인이 많다고 한다.

부르가스는 한국과 인연이 많다. 한국어 수업이 있는 학교가 13개나 되고, 한국 대사관과 함께 다양한 문화공연도 매년 개최하고 있다. 현대 자동차는 부르가스를 통해 불가리아에 상륙했고 이제 불가리아 전역을 현대차가 달리고 있다. 부르가스는 울산과 2021년 11월 자매결연을 맺었는데, 울산의 제조업 경쟁력이 흑해 연안의 물류 중심도시와 만나 시너지 효과를 극대화할 것으로 기대된다. 부르가스는 풍력과 태양광 등 그린에너지, 해운 산업, IT 산업 등과 공군공항에 건설 중인 산업단지에 한국기업의 투자를 고대하고 있다.

부르가스 남쪽에는 인류 최고 도시 소조폴(Sozopol)이 있는데 최근까지도 고대 유물이 다수 출토되고 있다. 14세기 말 오스만 침략 시에는 1년 가까이 저항을 지속했다고 한다. 소조폴에 있는 한국 명예영사 요셉 스피리도네프(Yosep Spilidonev)의 저택에는 태극기가 365일 휘날리며 불가리아의 첫 일출을 지켜보고 있다.

흑해 소조폴(Sozopol)

부르가스 명예영사 자택

부르가스 북쪽 네세바르(Nessebar)는 흑해 쪽으로 돌출해 있는 조그마한 반도로 트라시안, 그리스, 로마, 불가리아 유적이 공존하고 있다. 도시 자체가 하나의 박물관으로, 1983년 유네스코 문화유산으로 등재되었다.

흑해 네세바르

해양 수도 바르나

바르나(Varna)는 인류가 만든 최초의 금 세공 기술 유적이 있는 유서 깊은 도시이다. 7세기 불가르인이 북동쪽에서 내려와 제1차 불가리아 왕국을 건설한 곳이 바로 현재 루마니아 동남쪽과 바르나 지역이다. 1444년 오스만 제국의 발칸 진출을 막기 위해 폴란드, 헝가리, 독일 등

바르나(Varna) 해변

기독교 연합군이 마지막으로 저항한 '바르나 전투' 참패의 한을 안고 있는 곳이기도 하다.

바르나 시장 및 명예영사

바르나는 불가리아의 해양수도로 불리며, 산과 바다와 호수와 온천을 모두 가지고 있는 자연 도시다. 바르나에서는 시원한 바닷물과 뜨거운 온천물을 오가면서 즐길 수 있다. 북쪽 바닷가에 조성된 에프크시노 그라드(Evksinogrd) 궁전은 불가리아 왕족을 거쳐 정부가 소유하고 있는 유명한 관광지이고, 불가리아

칼리아크라(Kaliakra) 반도

최고의 골프장으로 일컬어지는 트라시안 클리프(Tracian Cliff)를 포함한 3개 골프장이 위치해 있다.

바르나 북쪽으로 60km에는 칼리아크라(Kaliakra)로 불리는 뾰족하게 돌출된 반도가 절경을 자랑한다. 칼리아크라는 오스만 침략 당시 40명의 불가리아 여인들이 자신들의 머리카락을 서로 묶은 후 70m 아래 흑해로 뛰어들었다는 전설이 있는데, 마치 백제 의자왕의 3천 궁녀가 뛰어든 낙화암의 전설을 연상하게 한다.

불가리아 흑해 연안에서 나는 '소라'는 염분이 낮아 한국인이 좋아하는 해산물이다. 초기에는 한국과 일본 등에 수출을 주로 했는데, 최근에는 불가리아인도 좋아하는 음식으로 자리 잡아 흑해 주변 식당에서 다양한 소라 요리를 즐길 수 있다.

불가리아 흑해는 아름다운 경관과 해안이 있지만 해안도로가 잘 정비되지 않은 점이 아쉽다. 부르가스와 바르나간 거리는 100km 정도밖에 안되지만 굽이굽이 산길이라 2시간 정도가 소요된다. 해안 고속도로가 정비되면, 인천공항에서 이스탄불 공항에 도착하여 자동차로 부르가스, 바르나를 거치며 해변, 온천, 골프, 역사 유적지 탐방을 즐기는 패키지 여행상품을 개발할 수 있을 듯하다.

3

발칸의 고도 소피아, 플로브디프, 벨리코터르노브

발칸의 중심, 사자의 심장 소피아(Sofia)

불가리아의 수도 소피아(Sofia)는 지리적으로 발칸반도의 중심에 위치하여 서쪽 북마케도니아 쪽에 가깝다. 수도를 불가리아 중심이 아닌 서쪽으로 치우친 곳에 정한 이유는 마케도니아 지역까지 염두에 둔 포석이었다는 해석이 있다. 809년 제1차 불가리아 왕국의 크룸 왕에 의해 병합되었고, 1878년 북부 공국이 오스만으로부터 독립하면서 처음으로 불가리아의 수도가 되었다.

소피아의 어원은 '지혜, 슬기'다. 소피아는 기원전 5~6세기부터 온천으로 유명했으며, 로마 유스티아누스 황제의 딸 소피아가 이곳에서 온천 요양 후 병이 나아 소피아라는 이름을 얻었다고 한다. 소피아에는 고대 로마 유적을 비롯한 많은 역사 문화유산이 많아, 매일 오전 시내 무료 투어와 오후 공산당 유적지 유료 투어가 있다.

시내 중심 소피아 동상 자리에는 원래 레닌 동상이 있었는데, 1991년 철거되었고 2000년 주인이 소피아로 바뀌었다고 한다. 소피아 동상은 왼쪽에 총리실, 오른쪽에 대통령궁, 정면에 구공산당 청사를 바라보고

소피아 시내

있어, 마치 당·정·청의 균형을 감시하고 있는 듯하다. 구공산당 청사를
국회의사당으로 사용하는 것에 일부 반발이 있어 예전의 작은 국회의사
당을 여전히 사용하고 있다.

소피아의 랜드마크 알렉산더 네브스키(Alexander Nevsky) 교회는
러시아—튀르키예 전쟁에서 불가리아 독립을 위해 싸우다 사망한 20만
명의 러시아 군인을 기리기 위해 건립되었다. 1882년 착공되어 1912년
완공되었고, 내부에 각종 성인의 아이콘이 보존되어 있다.

소피아 중심 반야바시 모스크 옆에는 조그마한 교회가 있는데, 오스
만 시절 모스크와 기독교의 위상을 단적으로 보여주는 장면으로 관광객
의 발길을 끌고 있다. 당시 오스만 제국은 종교의 자유를 어느 정도 허

용하기는 했지만, 교회의 규모는 일정 수준을 넘을 수 없었고 교회 입구
는 사람이 고개를 든 채로 걸어 들어갈 수 없도록 높이를 제한했다고 한
다. 비토샤(Vitosha) 거리는 소피아를 대표하는 명물거리다. 비토샤산
을 등지고 스베타 네델리야(Sveta Nedelya) 교회를 향해 뻗어난 거리
양편에는 와인과 맥주와 음식을 즐기는 젊은이와 관광객으로 활기가 넘
친다.

불가리아 전체 인구는 감소 추세이지만, 소피아는 인구가 계속 증가
하여 1990년 100만 정도였지만 지금은 150~200만에 달한다고 한다.
코로나 팬데믹으로 출산이 증가해서 코로나의 유일한 긍정적 효과라는
실소를 자아냈다.

소피아는 자연공원이 많은 도시이다. 사우스 파크, 보리소바 가든, 웨스트 파크 등은 도시인에게 휴식과 볼거리를 제공한다. 소피아는 해발 550미터쯤에 위치한 산으로 둘러싸인 분지로, 여름철 기온은 높지만 건조하고, 겨울철은 눈이 많지만 기온은 그다지 낮지 않다. 분지의 특성상 시내 중심부는 겨울철 매연이 심한 편이고, 시내 중심가는 건물 신축이나 리모델링이 쉽지 않아 외곽으로 신시가지가 계속 뻗어나가고 있다. 소피아 부동산 가격은 매년 폭등하고 있는데, 모두 거품이라고 하지만 거품이 언제 꺼질지 아무도 장담하지 못하는 상황이다.

발칸과 아나톨리아를 잇는 문화수도 플로브디프(Plovdiv)

플로브디프 명예영사

플로브디프(Plovdiv)는 불가리아 제2의 도시로 6~8천 년 역사를 가지고 있는 유럽에서 가장 오래된 도시 중 하나이다. 아나톨리아에서 유럽으로 진출을 위해 거쳐야하는 군사·경제적 요충지로 마케도니아, 로마, 불가리아, 비잔틴, 오스만 등 제국의 흔적이 남아있다. 제1차 불가리아왕국 말라미르 칸의 재위기간 (831-836)에 병합되었다.

로마시대 타원형 경기장 유적지는 250m 길이에 3만 명을 관중을 수용하는 규모였다고 하

플로브디프 2019 유럽문화수도 기념

는데, 영화 '벤허'의 전차 경기장을 떠올리게 한다. 그 바로 위에 세워진 웅장한 오스만 시대의 모스크는 강자의 역사를 웅변하고 있다. 로마시대 사용되던 원형 극장은 놀라울 정도로 잘 보존되어 지금도 오페라 등 공연에 사용되고 있다.

올드타운은 볼거리와 먹거리가 밀집되어 있는 유럽인이 즐겨 찾는 관광명소다. 크고 작은 박물관을 갖추고 각종 국제 문화행사가 개최되고 있으며, 2019년 유럽문화수도 행사를 개최한 바 있다. 플로브디프는 대구와 양국 간 최초의 자매결연을 맺은 도시로 경제와 문화관광 분야 교류를 이어가고 있다. 또 삼성 불가리아 대표가 플로브디프 명예영사는 맡고 있다.

제국의 영광 벨리코 터르노보(Veliko Tarnovo)

벨리코 터르노보(Veliko Tarnovo)는 12~13세기 발칸반도를 제패했던 제2차 불가리아 왕국의 영욕을 안고 있는 도시다. 1185년부터 200여 년간 불가리아의 수도였고, 1396년 오스만 제국에게 마지막까지 항쟁하다 주민 대부분이 학살당하고 마을은 초토화되었다고 한다. 오스만 지배 하에는 두 번에 걸쳐 무장봉기를 일으켜 저항의 정신을 이어 나갔다.

원래 명칭은 '터르노보'로 '짜르의 땅'이라

Independence Day 기념 행사

벨리코 터르노보(Veliko Tarnovo) 언덕

는 뜻인데, 독립 후 '위대한' 뜻의 '벨리코'가 추가되었다. 1882년 불가리아 최초 헌법을 발표하고, 1908년 9월 22일 오스만 지배로부터 완전한 독립을 선언한 장소로 지금도 9월 22일 Indepence Day(독립의 날)를 기리는 행사를 매년 개최하고 있다.

짜레베츠(Tsarevets) 언덕에 있는 제2차 불가리아 왕국의 성과 요새 유적지는 천혜의 관광지다. 짜레베츠 언덕을 무대로 한 야간 오디오

짜레베츠 레이저 쇼

레이저 쇼는 관광객의 필수코스이고, 가파른 절벽에 위치한 식당과 호
텔에서는 유서 깊은 고도의 정취를 만끽할 수 있다. 벨리코터르노보는
방문할 때마다 신선함을 주는 도시로, 코로나 이전에는 루마니아 부카
레스트와 패키지로 우리나라 관광객이 많이 찾았다고 한다.

4

다뉴브 강변의 루세와 비딘, 플레벤과 스타라자고라

다뉴브강의 선물 루세

불가리아와 루마니아 국경을 이루는 다뉴브 강변에 위치한 루세(Ruse)는 루마니아 수도 부카레스트(Bucharest)에서 60km 거리에 있는 경제 문화 도시다. 중세 오스만 제국은 루세를 오스트리아헝가리 진출의 군사기지로 활용했는데, 1456년 베오그라드 전투, 1529년 비엔나 포위, 1683년 제2차 비엔나 침공 시 후방기지 역할을 했다. 18세기부터는 오스트리아 상인이 오스만과 아시아로 진출하는 상업도시로 이용했고, 19세기 루세—바르나간 철도가 건설되면서 중유럽과 흑해를 잇는 물류중심지가 되었다. 루세는 19세기 후반 유럽 11개국의 외교공관이 주재하는 국제도시였고, 20세기 유럽의 저명한 건축가들이 만든 건축물들이 문화유산으로 등재되면서 '작은 비엔나'라는 별칭을 얻었다.

루세는 자유 정신과 문화적 다양성을 상징한다. 공산정권 시절인 1987년 민주적 변화를 열망하며 자유와 시민권을 위한 저항운동이 최초로 일어났으며, 이를 기념하는 '자유의 여신상'이 시내 중심에 우뚝 서 있다. 또한 불가리아인, 아르메니아인, 유대인, 튀르키예인, 로마인 등

루세 자유의 여신 상

이 공존하면서, 동방정교, 카톨릭, 프로테스탄트, 이슬람이 종교적 자유를 누리는 곳이기도 하다.

해가 서쪽에서 뜨는 비딘

다뉴브강이 불가리아로 들어오는 길목에 있는 비딘(Vidin)은 불가리아가 유럽으로 가는 입구이자 출구다. 세르비아를 거쳐 헝가리 부다페스트(Budapest)로 이어지는 도로와 다뉴브강 너머로 이어지는 도로가 교차한다. 비딘은 또 세상에서 유일하게 해가 서쪽에서 뜨는 땅이다. 비딘을 휘감고 흐르는 다뉴브강이 만든 착시현상 때문이라고 한다.

비딘 요새

비딘은 1세기경 로마제국에 편입된 이래 발칸의 중요한 군사와 운송의 요충지였다. 제2차 불가리아왕국 멸망 시 마지막까지 오스만에 저항했던 흔적이 요새와 함께 남아있다.

마구라 동굴 벽화

　　비딘 남쪽의 마구라 동굴(Magura cave)은 다양한 자연현상과 선
사시대 벽화를 보유한 자연과 인간이 함께 만든 지하 박물관이다. 용과
영웅이 등장하는 신화의 배경으로 마구라 동굴이 자주 나온다고 한다.

　　벨로그라드칙(Belogradtsik)의 하얀 성곽과 우뚝 솟은 바위는 여름
철 야외 오페라 공연을 위한 특설 무대가 된다. 소피아 인근 판차레보
(Pancharevo) 호수를 배경으로 하는 야외 오페라와 함께 오페라 팬들
이 가슴 설레며 기다리는 특별 선물이다.

벨로그라드칙 야외 오페라

판차레보 호수 야외 오페라

다뉴브 평원의 풍요 플레벤

플레벤(Pleven)은 불가리아 북부에서 바르나, 루세 다음으로 세 번째로 큰 도시로 다뉴브강 남쪽 50km에 위치해 있다. 제1차와 2차 불가

플레벤 파노라마

리아 왕국의 중심부였으며, 슬라브인이 다수 이주하면서 플레벤이란 명칭을 얻었다. 플레벤은 오스만 지배하에서도 불가리아의 전통을 잘 유지했고, 불가리아 독립 운동기에는 현대식 교육과 개혁 운동의 발상지였다. 불가리아의 민족영웅 바실 레브스키가 1869년 최초의 국가 혁명위원회를 결성한 곳이기도 하다.

플레벤은 러시아-오스만 전쟁의 최대 격전지로, 1877년 11월 28일 러시아-루마니아 연합군이 5개월간 3만8천명이 전사하는 공방전 끝에 승리하여 루마니아가 독립을 쟁취하게 된다.

8천년 역사의 스타라자고라

중부내륙 스타라자고라(Stara Zagora)에는 8천년 전 신석기 시대 거주지가 유럽에서 가장 잘 보존되어 있으며, 역사박물관은 10만여점의 신석기 시대 유물을 자랑하고 있다.

1877년 여름 스타라자고라 전투는 러시아-오스만 전쟁의 승패를 가르는 주요 전투였으며, 사마라 기(Samara Flag)[1]를 사수하는 불가리아 의용군(Opalchentsi) 봉기의 기폭제가 되었다.

스타라자고르는 1902년 불가리아 최초의 맥주를 만든 곳이며, 불가리아 유일의 맥주 박물관(Zagorka Brewery)이 자리 잡고 있다.

---

1 사마라 기 : 러시아의 사마라 지역 시민이 불가리아 의용군에게 준 깃발로 스타라자고라 전투에서 오스만 군에게 빼앗기지 않고 지켜내면서 불가리아 군의 중요 상징이 됨.

사마라 기 기념탑

제4장

문명의 교차로에서 살아남기

1

불가리아 왕국과 비잔틴 제국의 쟁투

제국은 피를 먹고 자란다

"평화는 여인과 약자의 것이다, 제국은전쟁을 통해 만들어진다 (Peace is for the women and the weak. Empires are forged by war)" 영화 〈트로이〉에서 미케네의 왕 아게멤논이 동생 스파르타의 왕 메네라우스를 부추기며 한 말이다. 유럽 문명의 발상지 발칸반도는 동쪽 아나톨리아 반도와 서쪽 이탈리아 반도, 북쪽 유럽 본토의 중간에 위치한 문명의 교차로로 수많은 제국이 꽃 피고 사그러진 무대였다. 고대 트라시안 왕국을 시작으로 그리스 문명을 꽃 피웠고, 알렉산더 제국의 발상지였다. 로마 제국으로 주인이 바뀐 후에는 케사르와 폼페이우스의 패권 경쟁의 무대가 되기도 했다.

불가리아가 발칸반도에 자리잡은 것은 7세기 후반이다. 서로마 제국 멸망 후 발칸반도는 비잔틴 제국의 영향권 하에 있었는데, 북동쪽에서 내려온 불가르족이 슬라브족과 함께 불가리아 왕국을 세웠고, 681년 비잔틴 제국으로부터 공식적으로 인정받게 된다. 이후 700여 년간 발칸반도에서는 불가리아와 비잔틴 제국 간 피비린내 나는 패권 전쟁이 이어졌다. 제1차 불가리아 왕국은 300여 년간 부침을 거듭하다 결국 비잔틴 제국에 멸망한다. 170여 년 후 제2차 불가리아 왕국이 부활하여 비잔틴 제국과 200여 년간 두 번째 경쟁을 이어가지만, 최후 승자는 불가리아도 비잔틴도 아닌 오스만 제국이 된다.

불가리아인 학살자와 제1차 불가리아 왕국의 멸망

발칸반도 동쪽 흑해 연안의 플리스카(Pliska)에 자리잡은 제1차 불가리아 왕국은 무서운 속도로 세력을 확장해나갔고, 717-718년 이슬람 제국이 콘스탄티노플을 포위하자 불가리아의 테르벨 칸은 5만 군대를 이끌고 지원 나가 3만여 이슬람 군대를 학살하며 비잔틴 제국을 구원하기도 한다. 그 후 비잔틴 제국의 압박이 재개되었지만, 불가리아는 플리스크 전투에서 대승, 전사한 니케포로스 1세 황제의 해골을 은으로 도금하여 술잔으로 사용하는 치욕을 비잔틴에 안긴다. 불가리아 왕국은 917년 안키알로 전투에서 비잔틴 군대를 전멸시켰고, 923년과 924년에는 콘스탄티노플을 포위할 정도로 우위를 지속한다.

그러나 10세기에 접어들며 전세는 역전되어 1014년 클레이디온 전투에서 대승한 비잔틴 제국의 바실레이오스 2세는 불가리아군 포로 1만 5천 명을 장님으로 만들어 돌려보냈는데, 이를 본 불가리아 사무엘 왕이 심장마비로 사망하면서 300여 년간 이어져온 제1차 불가리아 왕국과 비잔틴의 쟁투는 결국 비잔틴 왕국의 승리로 막을 내린다. 바실레이오스 2세는 100명당 1명만 눈을 남겨 길 안내를 하게하고 나머지 99명을 장님으로 만드는 끔직한 처사로 불가리아인 학살자(Bulgaroknotos)로 역사에 기록된다.

제1차 불가리아 왕국은 플리스카-프레슬라프 문화로 불리며, 불가

바실레이오스 2세 불가리아인 학살자(Bulgaroknotos)

리아 동북부 지방뿐만 아니라 루마니아 동북부의 '드리부' 문화에도 영향을 미쳤고, 우크라이나와 몰도바의 베사라비아 지역에도 흔적이 남아있다.

보리스 1세는 864년 비잔틴 제국의 영향을 받아 유일신 '탕그라(Tangra)'를 모시는 종교에서 기독교로 개종하는데, 탕그라는 우리 단군 신화와 뿌리를 같이한다는 설이 있다. 불가리아가 기독교를 받아들인 원인은 불가르, 슬라브족 등 다양한 민족이 있는 제국을 단결시키고 통치하는데 단일 종교가 유용했기 때문이라는 분석이 있다. 기독교로 개종하면서 불가리아는 북방 기마민족의 정체성에서 유럽 기독교 문명의 일원으로 거듭난 것이다.

로마인 학살자와 제2차 불가리아 왕국의 흥망

이반 아센과 피터 형제에 의해 제2차 불가리아 왕국이 1195년 터르노보에서 부활했지만, 권력투쟁 과정에서 두 형제는 암살당하고 칼로얀이 1197년 짜르로 즉위한다. 당시 발칸반도는 1204년 제4차 십자군이

칼로얀 왕 동상

비잔틴 제국의 수도 콘스탄티노플을 점령하고 피아 구분이 어려운 전투가 일상화된 복잡한 상황이었다. 칼로얀은 당초 비잔틴을 지지했는데, 비잔틴측이 배신하자 바르나에 사로잡힌 모든 비잔틴인을 산채로 매장하면서 200년 전 바실레이오스 황제의 불가리아인 학살에 대한 보복이라며 스스로를 로마인학살자(Romanoknotos)라 칭한다.

칼로얀의 뒤를 이은 이반 아센 2세는 주변세력과 우호관계를 수립하면서 불가리아 왕국을 확장시켰지만, 그의 사후 헝가리, 비잔틴 등에 영토를 빼앗기고 몽골의 침략도 이어져 쇠락의 길을 걷는다. 왕위 계승을 둘러싼 다툼이 치열해지고, 왕을 귀족 협의체에서 선출하게 되면서 불가리아는 내부로부터 무너진다. 1371년 이반 4세 사망 후 그의 두 아들 간 권력 다툼으로 터르노보와 비딘을 각각 수도로 나라가 양분되더니, 결국 발칸반도로 진출한 아나톨리아 반도의 신흥 세력 오스만에게 1393년 터르노보, 1396년 비딘이 차례로 함락되면서 제2차 불가리아 왕국은 역사 속으로 사라진다.

발칸의 최후 승자 오스만 제국

오스만의 진출에 대한 발칸세력의 최대 항전은 코소보 전투다. 1389년 6월 15일 세르비아 중심의 기독교 연합군과 오스만 제국은 코소보에서 발칸의 운명을 건 한판 승부를 벌인다. 연합군은 오스만 황제를 살해하

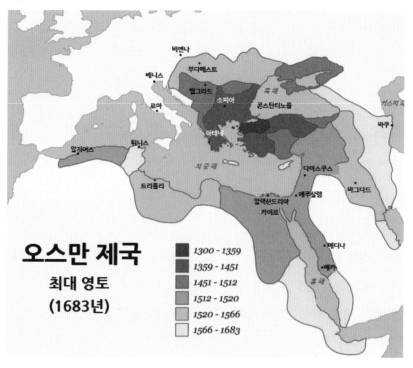

오스만 제국 최대 영토

15세기 오스만 전사

고, 연합군보다 많은 수의 사상자를 오스만측에 안기며 선전하지만, 참전자 대부분이 전사하면서 더 이상 저항할 여력이 없어져버린다. 그로부터 50여 년 후 헝가리, 폴란드, 불가리아 등의 기독교 연합군이 또 다시 오스만에 대항하지만 1444년 바르나 전투에서 참패하면서 오스만의 발칸 지배는 고착화 된다.

발칸반도를 든든히 다진 오스만은 비잔틴 제국의 1천년 수도 콘스탄티노플을 공격한다. 수많은 이슬람 세력의 침략에도 굳건히 버티던 난공불락의 요새 콘스탄티노플은 1453년 마침내 오스만에 정복되고 천년 동로마 제국은 지도에서 사라진다. 넷플렉스 다큐드라마 〈오스만 제국의 꿈〉은 콘스탄티노플 함락 장면을 생생하게 묘사하고 있다.

어부지리의 교훈

역사상 두 세력이 치열하게 패권을 경쟁하다 최후의 승자는 제3세력이 되는 경우는 매우 많다. 명나라 말기 명 조정과 오삼계의 반목은 결국 외부세력 청나라가 중원을 장악하는 데 결정적 역할을 한다. 20세기 초 세계의 중심이었던 유럽은 두 번의 세계 대전을 치른 후 체력이 소진되어 세계의 주도권은 신생 제국 미국과 소련에 넘어 간다. 2차 불가리아 왕국 멸망 과정에서의 내부 분열은 고구려 말기의 지배층의 분열을 연상시킨다. 제국의 몰락에는 외부 공격과 더불어 내부의 분열이 함께 했다는 것은 역사의 준엄한 교훈이다.

문명의 교차로에서 수많은 제국과 경쟁하며 때로는 제국의 속국이 되는 수모를 겪으면서도 불가리아는 '불가리아'라는 통일국가를 7세기부터 지금까지 지켜내고 있다. 대륙세력과 해양세력의 교차로에서 외부 침략과 동족상잔의 전쟁을 겪은 한반도는 여전히 남북분단 상태에 놓여 있다. 역사상 어부지리의 우를 범하지 않기 위해 남북한은 지금 무엇을 해야 할까.

2

가깝고도 가까운 이웃 튀르기예

지배와 저항, 대결과 협력의 역사

36년 일제 강점기를 겪은 우리나라는 현해탄을 사이에 두고 있는 일본과 아직도 가깝고도 먼 이웃이라 불리고 있다. 500년 지배와 항거, 240km 국경을 사이로 대결과 협력의 역사를 안고 있는 불가리아와 튀르키예는 가깝고도 가까운 이웃이 되어있을까.

1908년 오스만으로부터 완전한 독립을 이룬 불가리아는 1912년 발칸전쟁을 벌여 오스만을 발칸반도에서 몰아내지만, 1913년 2차 발칸전쟁에서 패해 동남부 일부 영토를 오스만에 빼앗긴다. 불가리아와 오스만은 제1차 세계 대전에 같은 추축국으로 참전하여 패전국의 멍에를 진다. 제2차 세계 대전 시 불가리아는 또 다시 참전하여 패전 후 공산체제가 들어서지만, 튀르키예는 중립국으로 남아 전후 자유진영에 편입하게된다. 공산체제가 무너진 후 불가리아는 NATO와 EU에 가입한 반면, 튀르키예는 1952년 NATO에 가입했지만 아직도 EU 가입을 실현하지 못하고 있다.

역사 바로 세우기가 초래한 굴곡

오스만의 5백 년 가까운 지배에 대한 반발은 불가리아판 '역사 바로
세우기'로 표출된다. 불가리아는 독립 후 오스만의 정복과 학살, 탄압
의 역사를 가르치고 튀르키예계를 차별한다. 독립 당시 인구의 25% 정
도였던 튀르키예계와 포막족(Pomaks)라 불리는 불가리아인 무슬림은
'Turkish yoke'라 불리우며 경제적 하류층으로 전락한다. 불가리아는
튀르키예계의 본국 귀국을 장려하였고, 1923년 수립된 튀르키예공화국
의 독려에 힘입어 많은 불가리아 거주 튀르키예인이 귀국하게 된다.

1944년 수립된 공산정권이 공산주의 이데올로기하 국제주의를 추
구하면서 튀르키예계의 경제적 위상은 다소 높아진다. 그러나, 종교적
자유는 여전히 제한되면서 튀르키예계의 정체성 강화와 출산율 증가를

대이동(Great Excursion)

초래하자, 이에 위협을 느낀 지프코프 정권은 지지 기반 확대를 위해 1984년부터 재생과정(Revival Process)이라 불리는 극단적 민족주의 정책을 실시한다. 튀르키예식 이름 변경, 이슬람 관행 금지, 튀르키예 말과 문화 사용금지 등과 같은 차별정책에 반발하여 1989년 약 36만 명의 튀르키예계가 튀르키예로 이주하는 대이동(Great Excursion)이 발생한다. CSCE, UN 등 국제사회는 불가리아를 맹비난하였고, 결국 공산체제 붕괴와 함께 이 정책은 종료된다.

권리와자유운동당(MRF)을 통한 이익추구와 평화 공존

1990년대 자유화 물결과 함께 튀르키예계 정당인 MRF가 등장하여 지금까지 가장 오래된 정당으로 존속하고 있다. MRF는 의회에서 10% 정도의 지분을 지속 차지하면서 캐스팅보트 역할을 하거나 때로는 연정에 직접 참여해왔다. MRF에 대해서는 지나치게 정파적 이해와 경제적 이익만을 추구한다는 비난이 있지만, 유고슬라비아와 같은 인종갈등의 급진화를 방지

MRF당 창설자
아흐메드 도간(Ahmed Dogan)

하고 이슬람 급진주의나 범튀르키예주의 같은 분리주의를 회피하는데 기여했다는 평가도 공존한다. 인종적으로 다양한 그룹의 평화공존은 2007년 불가리아의 EU 가입에도 긍정적으로 작용했다고 한다.

불가리아 인구의 약 10%인 튀르키예계와 함께 튀르키예 거주 불가리아 국적인도 MRF의 주요 지지 세력이다. 불가리아 독립 후 약 100만 명이

재생과정(Revival Process) 희생자 추모식

튀르키예로 돌아갔는데, 그 중 1/4은 불가리아 국적을 유지하고 있다고 한다. 법적으로 이들은 재외국민 투표가 가능하여, 일부는 관광버스를 타고 국경을 넘어 불가리아에서 투표를 하는 진풍경을 연출한다. 이 문제는 정치적 논쟁이 되어 일부 급진세력은 튀르키예 거주 불가리아 국적인의 투표를 반대하기도 했다.

2021년 7월 총선 및 2021년 11월 총선에서는 약 9만 명이 튀르키예에서 투표를 했는데 이는 MRF 지지 투표의 1/4에 해당한다. 튀르키예 정부는 자국내 불가리아 국적인들의 투표를 적극 장려하지만, MRF는 기본적으로 불가리아 정당이므로 튀르키예 정부와는 사안에 따라 갈등을 겪을 때도 있다고 한다.

공동의 과제 난민 문제

난민 문제는 240km 국경을 접한 불가리아와 튀르키예의 공동 숙제다. EU 회원국인 불가리아가 난민의 EU 유입의 통로가 될 수 있다는 점에서 EU 차원의 관심이기도하다. 2013년 시리아 사태 시 약 3백

불가리아-튀르키예 국경 지도

불가리아-튀르키예 국경 장벽

만 명의 난민이 튀르키예에 유입했는데 이들의 최종 목적지는 서유럽과 독일, 오스트리아, 스칸디나비아 국가 등이었다. 난민의 발칸 루트 중 93%가 불가리아, 5%가 그리스, 2%가 흑해를 이용한다고 하는데, 실제 2014년 불가리아 당국은 38만여 명의 불법 월경 시도자를 체포했다. 불가리아는 2013년 10월부터 2015년 4월까지 전체 불가리아-튀르키예 국경선 240km 중 160km에 철책 장벽을 설치했고, 튀르키예는 2018년 봄 시리아 국경선 911km에 장벽을 설치했다.

난민 문제는 튀르키예의 EU 가입 문제와도 긴밀히 연관되어 있다. 튀르키예는 2013년부터 자국 국경을 열어버리면 자국 거주 수백만 난민이 EU 국가 내로 들어간다고 위협하면서 EU와 협상을 벌었다. 보이코 보리소프(Boyko Borisov) 불가리아 총리 주재 하에 시리아 난민 수용과 튀르키예인의 EU 비자면제를 거래한 결과 2016년 10월 비자면제 협정이 발효했다. 이 거래에서 EU측이 일정 금액을 튀르키예에 지불하기로 했지만, 그 후 EU측이 약속을 지키지 않았다는 뒷말도 무성하다.

아프간 사태 후 많은 난민이 튀르키예에 유입하면서 난민 문제는 또다시 EU와 비EU의 경계인 불가리아와 튀르키예의 국경을 뜨겁게 달구었다. 반면 우크라이나 사태 시 불가리아를 포함 한 많은 유럽국가가 우크라이나 난민을 자발적으로 수용하여, 시리아, 아프간 난민과 다른 이중 기준을 적용한다는 비난도 들려온다.

가깝고도 가까운 이웃

불가리아와 튀르키예는 지리적 인접성과 문화적 유사성으로 인해 정서적 공감대가 크다. 불가리아 내 튀르키예 드라마가 인기를 얻고 있고, 음식, 음악, 건축 등 튀르키예 문화에 대한 호감도 커지고 있다. 최근에는 리라화가 폭락하면서 튀르키예 여행 붐이 일고 있다. 주말과 휴일 국경 검문소는 자동차 행렬로 장사진을 이루고, 불가리아 관광객은 튀르키예에서 음식과 숙박을 즐기고 생필품과 가죽제품 등을 저렴한 가격에 사온다고 한다.

튀르키예는 EU 가입을 위해 노력 중이지만 전망은 밝지 않은 상황이다. 튀르키예와 EU는 2016년 난민 합의 준수 문제, 사이프러스 해저 가스 채굴 문제 등으로 대립해 왔다. 최근 레제프 타이이프 에르도안(Recep Tayyip Erdoğan) 대통령이 서방과 다른 독자적인 외교 노선을 추진하자, 에르도안이 유럽과 중동 이슬람의 지도자가 되어 케말리즘[1]에서 술탄국으로 신(新)오스만을 재건하려한다는 의구심도 제기되고 있다.

보리소프 총리와 에르도안 대통령 (2020년, 앙카라)

---

1 케말리즘(Kemalism), 튀르키예 공화국 초대 대통령 케말 아타튀르크가 주창한 개혁원리. 오스만제국과 튀르키예 공화국을 분리하기 위해 정치·사회·문화·종교 개혁 실시.

불가리아는 2018년 EU 의장국 지위 시 튀르키예의 EU 가입 지지를 표명하고, 에르도안 대통령의 정적 페홀라 귈렌(Fethullah Gulen)[2] 지지자인 반튀르키예 인사 7명을 튀르키예로 송환하는 등 친튀르키예 정책을 취하고 있다. 에르도안 대통령도 EU 가입을 위한 불가리아 지지 확보와 국내 북서부 불가리아 출신 튀르키예인의 지지 획득 차원에서 불가리아와의 협력을 중시하고 있다.

불가리아의 독립 후 반튀르키예 정책은 우리의 해방 후 반민특위나 일제잔재 청산, 역사바로세우기 등을 연상시킨다. 독립 후 100여 년의 대립과 갈등을 겪으면서 불가리아와 튀르키예는 같은 NATO 회원국이 되었고, 불가리아는 튀르키예의 EU 가입을 지지하는 가까운 이웃이 되었다. 한국과 일본은 동아시아의 미래를 함께 고민하고 UN에서 머리 맞대고 세계평화를 상의하는 가깝고도 가까운 이웃이 될 수 있을까.

---

2 귈렌 운동의 창시자, 에르도안 정부의 탄압으로 미국으로 망명.

3

흑해와 발칸 패권을 둘러싼 미·러 경쟁

흑해 주도권을 둘러싼 미·러 각축

러시아의 우크라이나 침공으로 흑해 연안국이자 NATO 회원국인 불가리아의 지정학적 중요성이 새삼 부각되고 있다. 흑해 북동쪽은 우크라이나, 크림반도, 러시아, 조지아, 남서쪽은 튀르키예, 불가리아, 루마

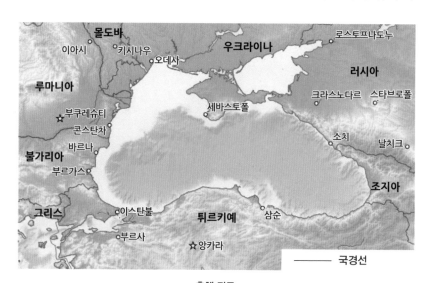

흑해 지도

니아가 자리잡고 있다. 튀르키예, 루마니아, 불가리아은 같은 NATO 회원국이지만, 튀르키예의 독자노선과 루마니아의 친서방 정책을 감안할 때 러시아와 역사적 특수 관계에 있는 불가리아는 미국에게 한층 중요한 전략적 의미를 가진다.

러시아의 흑해 및 발칸반도를 통한 지중해 진출 저지는 영국의 최대 외교정책 목표였고, 이는 제2차 세계 대전 후 미국의 사명으로 고스란히 계승된다. 미국은 9·11 테러 후 중동지역 테러 위협 제거, 아시아 중시전략(Pivot to Asia) 정책 하 아시아에 대한 전략자산 투입에 집중했지만, 러시아의 2008년 조지아 무력 개입과 2014년 크림반도 점령 등을 겪으면서 흑해와 발칸반도의 전략적 중요성을 재인식하게 된다.

우크라이나 전쟁 후 러시아의 흑해 봉쇄는 전세계 곡물가격 인상과 공급망 문제를 심화시키고 있다. 미국과 러시아의 대립 격화는 한반도 안보에도 영향을 미칠 수 있다는 점에서 흑해 안보는 우리에게도 중요한 경제안보 이슈다. 우리나라는 NATO 연합군의 흑해 해상훈련 시브리즈에 참여해 왔고, 2022년 6월 NATO 정상회의에 최초로 정상이 참석하면서 NATO와의 협력을 본격적으로 강화하고 있다. 흑해 안보와 발칸반도 주도권을 둘러싼 미·러 각축 속 불가리아는 미·중 패권 경쟁의 시대 우리에게 시사하는 바가 크다.

러시아와 불가리아의 깊은 인연

러시아와 불가리아의 역사적 특수성은 9세기로 거슬러 올라간다. 제1차 불가리아 왕국에서 키릴문자와 동방정교가 러시아에 전수되었고, 인종적으로도 불가리아는 루마니아와 달리 범슬라브권으로 간주된다. 19세기 러시아가 오스만과 전쟁을 통해 불가리아의 해방을 도운 것은

러시아 알렉산더 국왕 기념비

불가리아인에게 깊이 각인되어 있다. 소피아의 랜드마크 알렉산더 네브스키 교회를 비롯하여 불가리아 곳곳에 당시 전사한 20만 명의 러시아 군인을 기념하는 동상과 거리명이 있다. 45년간 소비에트 체제시 소련의 억압과 독재정권에 대한 어두운 기억이 남아있지만, 지프코프 치하 경제발전 지원과 정치외교적 공조관계에 대한 향수도 남아있다.

냉전시대 안보를 지켜주던 소련 주도 바르샤바조약기구가 와해되자, 불가리아는 NATO 가입을 추진한다. 이를 위해 기존 NATO 회원국이던 튀르키예와 정치군사적 우호관계 수립을 도모하였고, 그리스에게는 튀르키예와의 협력이 제3국을 대상으로 한 것이 아니고 마케도니아 통합 의지가 없음을 강조한다. 유고연방과는 거리를 두고, NATO의 코소보 개입을 지지하면서 결국 비슷한 상황에 있던 루마니아와 함께 2004년 NATO 가입을 실현한다.

냉전 와해 후 러시아는 경제적으로 서방의 지원을 기대하고 정치적 대결을 자제했다. 그러나 서방의 경제지원은 기대에 부응하지 못했고, NATO의 코소보 사태 개입과 동유럽 확장 과정에서 정치적 무력감이 커져갔다. 2000년대 러시아 민족주의가 급속히 확산되면서 강대국 위상 회복과 서방과의 대결 기조가 분명해 진다. 이 과정에서 에너지 자원은 유럽에 대한 영향력 확대의 주요 수단이 되고, 발칸반도는 영향력 회복의 주요대상이 된다. 2008년 서방의 경제위기는 발칸 국가에게 서유럽에 대한 환상을 줄이고 상대적으로 러시아의 존재감이 확대되는 계기가 되었다.

2000년대 러시아의 불가리아 복귀는 천연가스, 원유, 원자력 발전 등 에너지 분야에서 두드러졌다. 국영 가스회사인 가스프롬(Gazporm)사를 통한 천연가스의 러시아 의존율은 한때 97%까지 달했고, 러시아 정유회사 루크오일(LUKoil)이 불가리아 GDP의 9%, 부가세의 25%를 차지할 정도였다. 또한 전력 생산의 34%를 담당하는 원자력은 발전소 건설, 원료 조달, 재처리까지 러시아에 의존하고 있다. 러시아 제품의 수출도 급속히 늘어 러시아는 불가리아의 제3위 교역국 대상국이 되었다. 러시아인의 흑해 관광은 불가리아의 주요 수입원이며, 30만 명에 달하는 러시아인이 흑해 연안의 부동산을 소유한 적도 있었다.

러시아를 밀어내는 미국

불가리아는 1990년대 중반부터 NATO 및 EU 가입을 위해 미국의 외교·군사 정책을 적극 지지하게 된다. 2001년 테러와의 전쟁, 2003년 이라크 전쟁 등 미국 중심 NATO의 군사 활동을 적극 지원하는 한편, 바르나, 부르가스 등 흑해 연안 군 시설의 미군 사용을 허가하고, 항만과 내륙기지 등의 사용도 제공한다.

2000년대 러시아가 불가리아와 에너지 경제관계를 확대하고 흑해와 발칸반도의 전략적 중요성이 제고되면서 미국의 러시아 견제 움직임은 본격화된다. 미국은 우선 러시아의 최대 무기인 에너지 의존도를 낮추는데 집중한다. 러시아와 불가리아가 추진하던 불가리아 통과 천연가스 파이프라인 사우스 스트림(South Stream) 건설 사업을 저지시켜,

조지 부시 대통령 불가리아 방문 (2007년)

결국 이 사업은 러시아에서 흑해를 거쳐 튀르키예로 이어지는 튀르키예 스트림(Türkiye Stream)으로 대체된다. 다만, 튀르키예 스트림에서 불가리아를 통해 세르비아로 이어지는 '발칸 스트림(Balkan Stream)' 은 미국의 반대가 있었지만 2020년 개통되었다. 미국은 또 미국산 액화 천연가스(LNG) 수출 확대로 천연가스의 러시아 의존도를 25% 정도 감소시키는 등 불가리아의 에너지 다변화 정책을 적극 지원한다. 베레네(Belene) 제2원전 건설 사업도 러시아에 대한 의존 확대를 우려한 미국의 반대로 추진이 지연되었다.

불가리아와 러시아 간 경제적 유착이 부패 고리로 연결되어 러시아 의존을 심화시키고 불가리아 경제의 투명성을 저해한다는 지적은 EU 차원에서 지속적으로 제기되어 왔다. EU의 문제제기에도 뚜렷한 개선 기미가 없자, 미국은 2021년 6월 불가리아인 6명과 64개 기관을 부패행위 연루로 인한 제재 대상으로 지정하는 강수를 둔다. 이는 불가리아 국내의 개혁 움직임을 지원하는 한편, 러시아에 대한 강한 메시지라는 해석이다.

보리소프 총리 미국 방문 (2018년)

불가리아의 군사장비는 대부분 러시아제로 부품교체나 장비 유지를 러시아에 의존해왔는데, 미국은 불가리아의 국방 현대화 사업을 통해 군사분야에서도 러시아 의존을 줄이고 있다. 2006년 NATO 가입 협상 과정에서 4개 군사시설(기지 3, 저장고 1)의 미군 사용이 보장되었고, 2,500명의 미군이 교대로 주둔 가능하게 되었다. 2019년 불가리아 보리소프 총리는 미국을 방문하여 록히드사와 22억 달러 규모 F16전투기 8대 구입 계약을 체결했는데, 전투기 양도 이전 대금을 지불하여 아직도 그 배경이 논란이 되고 있다.

1939년 몽트르 협약에 따라 흑해 연안국 이외 국가의 전함은 21일 이상 흑해 체류가 불가능하다. 따라서, 미국에게 있어 연안국인 불가리아와 군사 협력은 크림반도에 막강한 흑해 함대를 보유하고 있는 러시아 견제의 중요한 요소가 되고 있다. 미국은 흑해 연안 부르가스와 바르나 인근 해군 기지와 항만을 사용하고 있다.

3SI 소피아 정상회의 (2021년)

국제적 차원에서 미국은 불가리아의 3해양 계획(3SI, Three Seas Initiative) 참여를 적극 지원하고 있다. 3SI는 발트해, 아드리드해, 흑해 3개 바다를 접한 유럽 국가간 인프라 구축과 경제발전을 도모하는 협의체로 동유럽의 북에서 남으로 러시아에 대항하는 장벽을 구축하는 한편, 중국의 일대일로 견제 목적도 있다는 분석이다. 2021년 3SI 정상회의가 소피아에서 개최되었다.

NATO와 EU 회원국 불가리아의 결정

불가리아와 러시아의 특수관계는 EU 및 NATO 회원국인 불가리아의 대외 정책에서 필연적으로 정책 우선순위의 이중성(Duality)과 일관성 결여(lack of consistency)로 표출된다는 지적이다. 특히 크림 반도, 우크라이나, 흑해 주도권 등 러시아와 관련된 주요 정책에서 불가리아는 표면적으로는 미국 및 NATO의 정책을 지지하지만, 실질적으로 이

중성을 보이는 경우가 있어왔다. 불가리아의 EU 가입 시 러시아의 이익을 지지할 것이라며, 불가리아가 트로이의 목마 역할을 할 것이라는 우려마저 있었다고 한다.

러시아 관련 정책은 불가리아 국내정치적으로도 대립요인이 되어 왔다. 사회당(BSP), 유럽발전시민당(GERB) 등 집권정당에 따라 정책 우선순위가 바뀌고, 정책 연구기관도 지향점이 다르다. 소비에트 시절 불가리아 엘리트는 모스크바 유학파가 대세였는데, 공산체제가 무너진 후에도 이들의 영향력이 상당 부분 유지되고 있는 점도 러시아 정책에 영향을 주고 있다는 분석이다.

불가리아는 러시아의 크림반도 병합에 따른 EU의 대러시아 제재에 적극 동참하였고, 우크라이나 전쟁 때에도 대러시아 제재와 우크라이나 지원에 동참함으로써 NATO 및 EU 회원국의 입장에 충실하고 있다는 평이다. 아울러 러시아에 대한 에너지 의존도를 줄이기 위한 다각적인 노력을 경주하고 있다. 2022년 5월 러시아가 가스 대금의 루블화 결제를 요구하면서 이를 거부한 불가리아와 폴란드에 대한 가스 공급을 중단하자, 불가리아는 미국 등으로부터 LNG 구입, 중장기적인 에너지원 다변화 등의 정책을 모색하고 있다. 한편, EU 차원의 러시아 원유 수입 금지 결의에서는 2024년까지 유예를 보장 받았다.

미·러간 대립이 심화하는 가운데, 불가리아는 EU 및 NATO 회원국으로서 원칙과 우선순위를 견지해야 러시아와의 관계도 보다 견고하게 만들 수 있고, 에너지 수입 다변화를 도모하고, 정책결정에서 투명성과 공정성을 높여야한다는 주장이 설득력을 얻고 있다. 미·중간 패권 경쟁이 심화하는 가운데, 한미 동맹의 원칙과 우선순위 견지가 중국과의 관계를 보다 견고하게 만들 수 있고, 핵심 부품과 원료 공급망 다변화가 긴요하다는 우리의 당면과제와 놀라울 정도로 일치한다.

4

열정과 냉소 사이 북마케도니아

빼앗긴 영혼의 조각

북마케도니아는 불가리아 서쪽 발칸반도 중부의 내륙국가다. 우리나라 수도권 정도의 크기에 인구는 210만 정도이다. 태양의 땅으로 알려

북마케도니아 지도

스코페 야경 (돌다리와 고고학 박물관)

져 있는 마케도니아는 발칸반도 중심의 요충지로 제국 간 쟁탈전이 어느 곳보다 치열했던 곳이다. 세계 최초의 제국을 이룬 알렉산더 대왕의 본거지였고, 로마 제국의 속주에서 1차 불가리아 왕국의 영토로 편입된 후에는 키릴 문자의 발상지가 되었다. 2차 불가리아 왕국의 영토로 부활한 후 잠시 세르비아 왕국에 편입되었다가 오스만 제국의 치하에 들어간다. 발칸 전쟁으로 오스만에서 해방되었고, 제1차 세계 대전 후 유고슬라비아의 한 공화국이 되었다가 1991년 유고슬라비아가 분열되면서 독립했다.

수도 스코페(Skopje)는 동서고금의 수많은 유명인 조각상으로 단장하고 관광객을 유혹하고 있다. 알바니아와 접하고 있는 오흐리드(Ohrid) 호수는 발칸반도 최대 깊이의 수려함을 자랑한다. 북마케도니아는 테레사 수녀가 태어난 곳으로도 잘 알려져 있다.

불가리아인에게 북마케도니아 문제는 한국인에게 북한문제와 비슷한 뜨거운 주제다. 북마케도니아가 화두가 되면 대부분의 불가리아인은

스코페의 장군 동상

진지하고 확신에 찬 어조로 모두가 한결같이 비슷한 주장을 펼친다. 마케도니아에 대한 불가리아의 염원은 1878년 산스테파노 조약[3]에 뿌리를 두고 있다. 산스테파노 조약은 북마케도니아를 불가리아 영토로 규정하였고 불가리아는 이 조약상의 영토 회복기치 하에 두 번의 발칸전쟁과 1,2차 세계 대전에 뛰어들었다. 세 차례 패전의 쓰라림은 지금까지 고스란히 불가리아인의 가슴에 새겨져 있고, 북마케도니아 문제는 빼앗긴 영혼의 조각으로 남아있다.

언어와 역사의 공감대를 찾아

마케도니아는 1991년 9월 25일 유고슬라비아로부터 독립을 선언했고, 불가리아는 1992년 1월 15일 세계 최초로 마케도니아의 독립을 승인한다. 그러나, '마케도니아'라는 국가명칭에 반대하는 그리스와 무려 30년간 분쟁을 지속하다 2018년 '북마케도니아 공화국'으로 합의하면서 겨우 UN에 가입한다. 국제적으로 인정된 후 EU 가입을 추진하지만 이번에는 이웃 불가리아의 비토에 직면한다. 불가리아가 언어와 역사문제, 불가리아 거주 마케도니아계 문제 등의 해소를 EU 가입 협상 개시의 선결조건으로 제시한 것이다.

키릴문자와 불가리아 왕국 역사를 근간으로 마케도니아가 언어, 종교, 역사를 같이 한다고 인식하는 불가리아는 마케도니아가 티토의 유고슬라비아 공화국에 편입된 후 독자적인 언어와 정교회, 역사 해석 등을 통해 마케도니아 고유의 민족 정체성을 만들어갔다고 주장한다. 북마케도니아 언어 분리주의 개념은 19세기 후반 마케도니아 민족주의 대

---

3 산스테파노 조약(Treaty of San Stefano), 1878년 3월 3일 투르크의 콘스탄티노플 서쪽 교외의 작은 마을 산스테파노에서 체결된 러시아-투르크 전쟁(1877~1878)의 강화조약.

두와 20세기 별도 마케도니아 표준어라는 인위적 필요성의 산물이라는 것이다. 또한, 마케도니아 고유국가 개념은 유고슬라비아 공산정권하에 본격 대두했고, 불가리아와 분리된 별도의 마케도니아 민족의식 고취를 위한 역사학과 함께 발전했다는 것이다.

불가리아는 또 자국 거주 마케도니아계에 대한 소수민족 권리 불행사와 북마케도니아 거주 불가리아인에 대한 차별 금지 등을 요구하고 있다. 오스만 치하 불가리아와 북마케도니아간 국경이 없었고, 발칸전쟁과 1,2차 세계 대전 중 북마케도니아 지역이 불가리아 영토에 편입된 적이 있었기 때문에 양국에는 상대국 출신이 많이 살고 있다고 한다. 양국 간 문제는 이웃사촌이 아니라 형제자매 간의 문제라는 주장이 있을 정도다. 제2차 세계 대전 당시 불가리아는 자국내 5만 유대인의 송환은 반대했지만, 행정권을 관할하고 있던 북마케도니아 지역 유대인 1만 1천 명을 수용소로 송환하여 논란이 된 바 있다. 한편, 북마케도니아 인구의 1/4 정도가 알바니아계로 알려져 있다.

페트코프 불가리아 총리와 코바체프스키 북마케도니아 총리 (2022년, 스코페)

한국과 북마케도니아

북마케도니아가 그리스와 국명에 합의하고 UN에 가입하자 우리나라는 2019년 북마케도니아를 승인하고 외교관계를 수립했다. 북마케도니아는 주불가리아 대사관이 관할하는데 수교 후 코로나 팬데믹으로 신임장을 제정하지 못하고 있다가 필자가 2021년 10월 최초로 신임장을 제정하는 영광을 누렸다.

신임장 제정 (2021년)

북마케도니아는 한국과 경제관계 발전에 큰 열의를 가지고 있다. 한국과 교역하는 기업인들이 한 – 북마케도니아 상공회의소를 설립하여 비즈니스 확대를 모색하고 있고, 최근 한국기업의 투자가 논의되고 있다. 우리도 2022년

한－북마케도니아 상공회의소

한-북마케도니아 상공회의소 회장을 스코페 명예영사로 임명하는 등 양국 간 경제활동 확대를 촉진하고 있다. 아름다운 자연과 풍요로운 땅, 양질의 인적자원과 EU 가입 전망 등을 감안할 때 북마케도니아는 우리에게 새로운 기회의 땅이 될 것이다.

북마케도니아 국기는 얼핏 욱일기 형태로 보여 의아하게 느껴질 수 있는데, 태양을 상징하는 것으로 여러 차례 변형하면서 현재의 형태가 된 것이라고 한다. 단순한 모양에 민감하게 반응하기보다, 욱일기가 과거 일제의 침략과 수탈 상징이었다는 점에서 군국주의 찬양이나 부활을 경계해야 할 것이다.

이산가족 재결합? 스토커의 집착?

북마케도니아와 불가리아는 제2차 세계 대전 후 유고슬라비아와 소비에트 체제라는 다른 길을 걸어왔다. 공산체제 붕괴 후 자유화의 길도 서로 달랐기 때문에 그만큼 서로간의 인식과 이해의 간격은 벌어져 있다. 과거 유고연방은 내부의 남북간 고속도로는 잘 정비하였지만 동서를 잇는 도로에는 무관심했고, 동발칸의 불가리아와 루마니아를 발전단계가 낮은 국가로 보는 경향이 있었다고 한다.

북마케도니아의 EU 가입 논의와 함께 불가리아와 북마케도니아 간 간극을 좁히려는 노력도 강화되고 있다. 양국 간 언어와 역사 전문가 그룹 협의를 개최하고, 정부 간 회담을 지속하고 있다. 2022년 상반기 EU 의장국이었던 프랑스가 제시한 타협안을 둘러싸고 EU, 북마케도니아, 불가리아가 머리를 맞대고 있다.

서로 다른 현대사를 달려온 불가리아와 북마케도니아가 불신과 대립을 극복하고 EU 공동체에 손잡고 들어갈 수 있을지 유럽 국가들이 지켜보고 있다. 뜨거운 구애와 냉혹한 실연의 결과 심장을 빼앗긴 불가리아가 이산가족 재결합이라는 해피엔딩을 만들지, 스토커의 집착으로 남겨질지 지켜볼 일이다.

남북한은 분단 80년을 눈앞에 두고 있다. 언어와 역사의 출발점은 같지만 분단의 시간은 지금 이 순간에도 양측의 간극을 벌려놓고 있다. 역사적인 이산가족 상봉이 시작된 지도 40년 이상의 시간이 흘러 가족 간 유대도 약해져만 가고 있다. EU 공동체가 불가리아인의 염원을 수렴하여 민족국가의 틀을 뛰어넘는 새로운 지평을 제공한다면, 한반도의 통일 염원이 새로운 한반도 평화번영 공동체를 만들어가는 데 참고가 될 수 있을지 지켜볼 일이다.

5

발칸반도에서 펼쳐지는 한중일 삼국지

발칸 진출의 문을 두드리는 중국

1949년 중국 공산당 정부가 수립되자 불가리아는 세계에서 두 번째로 국가 승인을 하면서 공산권의 맹방을 자임한다. 그러나 토도르 지프코프의 공산체제는 철저하게 소련 지지 외교정책을 유지했기 때문에 1960년대 중소 분쟁이 반발하자 중공과는 일정한 거리를 두게 된다. 문화혁명 후 등소평의 개혁개방 정책으로 경제성장을 달성한 중국은 2013년 시진핑의 일대일로 정책 하에 본격적으로 동유럽 진출에 관심을 가지게 된다.

불가리아와 루마니아는 중국에게 유럽의 관문(Gateway in Europe)의 경쟁적 위치에 놓이게 된다. 루마니아에서 중국은 콘스탄챠항 개발 사업을 추진했으나 미군기지와 가까워 실현하지 못했고, 세르나보다 원자력 건설을 지원하였다. 불가리아에서는 흑해 연안의 바르나와 부르가스 항만 인프라 개선 사업에 투자했다. 그러나 중국 기업 장성자동차(Great Wall Motor)의 투자시도가 실패하고, 플로브디프공항 개발 투자와 베레네(Belene) 원전 참여가 좌절되는 등 중국의 불가리아 진출은 원활히 추진되지 못했다.

중국은 중동부 유럽 진출의 발판 조성을 위해 '16+1'을 형성하고 매년 정상회의를 개최하고 있다. '16+1 정상회의'(중국 – 중·동유럽국가 정상회의)는 중국과 동중부 유럽국가가 교대로 개최하는데, 불가리아는 2018년 '16+1 정상회의'를 개최하면서 중국과의 관계 강화를 추구하였다. 2019년 루멘 라데프(Rumen Radev) 대통령이 수교 80주년을 기념하여 중국을 방문하면서 불·중 관계를 격상시켰고, 중국의 불가리아 투자도 증가했다.

16+1 정상회의 2018 소피아 (리커창 총리 (좌), 보리소프 총리(우))

한편, 중국은 또 16개국 중 EU 비회원국인 세르비아, 알바니아, 보스니아헤르체고비아, 마케도니아 등 5개국에 투자를 집중하고 있다. 특히 세르비아는 유고연방 해체과정에서 미국 및 NATO와 불편한 관계에

라데프 대통령 방중 (2019년)

있었고 EU 회원국이 아니라 중국의 투자를 적극 유치하였고, 중국은 동유럽의 틈새시장인 세르비아에 적극 진출하였다.

반면, 2021년 리투아니아의 탈퇴에 이어 2022년 에스토니아와 라트비아가 탈퇴를 결정함에 따라 16+1은 그리스의 합류로 17+1이 되었다가 14+1로 축소되었다. 미중갈등과 중국의 인권문제 등에 대한 유럽의 우려가 고조되고 있는 가운데, 우크라이나 전쟁으로 반(反)러시아 전선의 선두에 있는 발트 3국이 빠르게 중국과 거리를 둔 것이다.

중국은 경제뿐만 아니라 문화적 측면에서 불가리아에 대한 영향력 확대를 도모해 왔다. 소피아 대학 중국학과 개설을 지원하고, 소피아와 벨리코터르노브에 공자학원을 건립하여 운영하고 있다. 또 소피아 주재 중국 대사관은 대규모 신축 건물의 위용을 자랑하고 있다.

자유화 이후 줄어드는 일본의 존재감

불가리아는 일본과 1939년 국교를 수립하였고 2차 세계 대전 때에는 독일과 함께 추축국 진영에 속했다. 전후 냉전기간에는 양국관계도 냉랭했지만 1950년대 중반 냉전이 완화되면서 동유럽 국가는 미국의 충실한 동맹이었던 일본과의 관계정상화를 서둘렀고, 불가리아는 1959년 일본과 외교관계를 재수립한다. 일본은 동유럽 시장 확대라는 경제적 관점을 중시했고, 불가리아는 전반적 관계 발전과 함께 일본의 과학기술 이전에 관심이 있었다.

1960년대 전자 분야 등에서 일·불 합작 투자가 이루어졌고, 지프코프 총서기는 Expo 70에 참석하여 일본의 산업과학기술 정책에 깊은 인상을 받았다고 한다. 1970년대는 양국 관계의 황금기로, 1977년 일본무역진흥기구(JETRO) 소피아 사무실이 개소하고, 1978년 3월 지프코프 총서기가 방일하여 후쿠다 야스오(福田赳夫) 총리와 최초 정상회담을 가졌다. 이어 1979년 10월 아키히코(明仁) 황태자 부부가 방불한다.

지프코프 총리(우)와 후쿠다 총리(좌)
Copyright©Central State Archive of Republic of Bulgaria

1980년대 초 불가리아의 경제 자유화 움직임과 더불어 많은 일본 기업이 불가리아에 투자하였다. 공산체제 붕괴 전 불가리아는 과학기술

아키히코 황태자 방불

협력을 기대하며 일본과의 관계 확대에 주력했고, 일본은 상품수출 시장 확대와 저렴한 식량 및 원자재 수입에 중점을 두었다. 한편, 일본과 교류로 불가리아는 폐쇄적인 중앙집권, 계획 경제의 단점과 근시안적 시각을 점차 깨닫게 된다.

1990년대 공산체제 붕괴와 자유화는 역설적이게도 양국관계 발전에 큰 도움이 되지 못했다. 자유화 이후 일본 기업의 대대적인 투자가 이루어졌지만 불가리아의 폭발적인 인플레와 경제붕괴 상황에서 많은 일본자본이 이탈하게 된다. 불가리아의 정치경제적 불안정과 더불어 일본경제의 거품 붕괴도 불가리아 내 일본의 존재 위축을 촉진시켰다. 불가리아의 EU 가입 후에는 일본의 공적원조(ODA) 지원도 불가능하게 되었고, 외환거래, 관광객 수, 문화교류 등의 수치는 점차 줄어들었다. 오히려 정치적, 이념적으로 달랐을 때 경제관계가 더 좋았다는 분석마저 나올 정도였다.

한중일 삼국지의 선두주자

중국이 경제 진출을 확대하면서 공을 들이고 있는 것에 비해 불가리 아에서 중국의 성과는 그다지 많지 않아 보인다. 불가리아는 냉전 시기 소련의 정책에 충실히 따랐던 것처럼, NATO 및 EU 가입 이후에는 미국 및 EU의 입장에 충실한다는 것이 기본방침이다. 중국의 홍콩, 신장의 인권문제, 국제법 미준수 등에 대한 문제의식도 잠재해 있다. 미중 갈등이 고조되면서 미국은 노골적으로 중국의 동유럽 진출을 견제하고 있고, EU도 미국의 대중 노선에 공감하면서 EU 회원국인 불가리아에서 중국의 입지는 축소되는 추세이다.

중국하면 '왕서방'이 떠오르듯 중국인의 상술은 예로부터 유명하다. 반면 중국의 탁월한 경제적 수완이 동유럽에서 오히려 반감과 경계를 불러오는 측면도 있다는 분석이다. 중국의 그리스 피레우스항 투자가 트로이의 목마가 될 것이라는 우려가 있듯이, 불가리아내 화웨이와 샤오미 등 중국 제품과 원전과 항만 등 인프라, 에너지 분야 중국자본 투자에 대한 경계심은 여전하다.

중국 음식은 전 세계 어느 도시에 가도 있고, 미식가의 발길을 끄는 것으로 알려져 있지만 불가리아에서 맛집으로 알려진 중국식당을 찾아보기 힘들다. 다만 중국음식은 값싸고 양이 많은 서민 음식으로 자리 잡고 있다. 제로 코비드 정책을 취하고 있는 본국의 영향으로 코로나 팬데믹 이후 중국 대사관 직원들은 대외활동을 거의 하지 않고 있고, 불가리아내 중국인의 활동도 현저히 위축되었다. 불가리아 거주 중국인 중 다수가 2020년 2월 춘절을 지내기 위해 중국에 귀국했는데, 코로나 사태 발생으로 다시 들어오지 못하고 있는 경우도 많다고 한다.

일본계 자본이 불가리아 경제에서 차지하는 비중은 여전히 크다. 일본에 대한 인식도 우호적이고 일본 문화도 폭넓게 퍼져 있다. 일본음식은 고급 음식으로 자리 잡았고, 비록 일본 본토의 맛은 아니지만 일식당은 도처에 산재해 있다. 2018년 1월 아베 신조 일본 총리가 소피아를 방문하여 양국관계 격상을 시도하기도 했다. 그러나 일본에 대한 호감은 짝사랑에 가까울 만큼 불가리아에서 일본의 존재감은 미미하다. 특히 불가리아 자유화 이후 일본의 투자와 양국 간 무역은 오히려 줄어들었고, 불가리아 거주 일본인도 과거에는 일본인 다수 거주 마을이 있었는데 대부분이 떠날 정도로 대폭 줄어들었다.

아베 총리 방불

불가리아에서 한국의 입지는 중국과 일본에게 부족한 것을 모두 가지고 있다고 할 수 있다. 불가리아 내 한국과 한국 문화에 대한 관심과 호감은 하루가 다르게 높아가고 있고, 한국에게 불가리아가 가지는 잠재력도 무진하다. 기회의 땅 불가리아에서 펼쳐지는 한중일 삼국지에서 한국이 동아시아의 선두 주자로 우뚝 설 것으로 확신한다.

제5장

한반도와 손잡고 미래로

1

장미의 땅에 새겨진 남북한의 발자취

남북한의 발자취를 찾아

불가리아는 1948년 11월 북한과 수교를 맺었다. 그로부터 40여 년 후 동유럽 공산 체제의 붕괴와 한국의 88서울올림픽 및 북방정책으로 한국과 손을 잡는다. 한국과 수교 후 30여 년이 지난 지금 민주주의와 경제성장을 동시에 달성한 한국은 국제사회 고립을 자초하고 있는 북한과는 비교할 수 없는 존재감을 보이고 있다.

불가리아에는 여전히 대규모 북한 대사관이 운영되고 있고, 개점 휴업 상태이기는 하지만 평양에 불가리아 대사관이 남아있다. 또 불가리아 기성세대 중에는 어린 시절 김일성의 소피아 방문 장면을 기억하는 사람이 많다. 남북한 모두와 인연을 갖고 있는 불가리아에서 남북한이 걸어온 발자취를 찾아보는 것은 의미 있는 일이다. 과거를 돌아보는 것은 오늘을 성찰하고 보다나은 미래를 그리는 밑거름이 되기 때문이다.

6·25로 시작된 북한과 불가리아의 혈맹관계

6·25 전쟁이 발발하자 불가리아는 북한에 많은 의료물자 지원과 함께 의료진을 파견한다. 1952년 3월 50명, 1954년 4월 47명, 1957년 5월엔 수십 명 등 총 3차례 의료진이 파견되었으며, 폭격으로 불가리아 의사가 사망하기도 했다.

북한을 방문한 불가리아 의료봉사단

불가리아는 북한의 전쟁고아도 받아들여 일정기간 돌보았는데, 1952년 200명, 1953년 300명이 불가리아에 들어왔고 이들은 1956~1958년 대부분 북한으로 돌아갔다. 또 1953~1954년간 북한 유학생 200여 명이 불가리아대학에 들어와 공학과 경제학을 공부한다.

북한 유학생 4인방의 망명이 던진 파열음과 밀월 시기

1956년 헝가리 자유화 운동과 소련의 무력 진압의 여파는 불가리아에도 불어왔고 북·불 관계에도 영향을 미친다. 자유주의 물결이 동유럽에 확산되면서 1962년 최동성, 최동준, 이상종, 이상직 등 북한 유학생 4명이 북한의 귀국 명령을 거부하고 불가리아 망명을 시도한 것이다. 불가리아 주재 북한대사관은 이들을 체포 감금 고문하였고, 자국 땅에서 벌어진 외교적 폭거에 불가리아 정부는 분노한다. 유학생 2명은 감금 1개월만에 북한대사관을 탈출하였고, 북한대사관은 나머지 2명을 강제 북송하려했으나 소피아 공항에서 불가리아 당국의 저지를 받는다. 이 사건으로 불가리아 정부는 1962년 9월 5일 북한 대사를 추방(PNG) 조치하였고, 다음날 북한도 주북한 불가리아대사를 추방하는 보복조치를 취한다.

북한의 지속적인 송환요구에도 불구하고 불가리아 당국은 이들 4명이 지방에서 직장을 갖고 생활하게 배려했지만, 북한을 의식하여 불가리아 국적을 부여하지는 않았다. 이들 중 3명은 1991년 9월 한민족 체전 참가를 위해 한국을 방문했고, 한국과 불가리아 수교 후 한국 교민사회가 불가리아에 뿌리내리는 데에 큰 역할을 하였다.

북한 유학생 망명 사건으로 악화되었던 북·불 관계는 1960년대 후반 개선된다. 마오쩌뚱의 급진적인 문화혁명에 대한 거부감으로 소련과 북한의 이해가 일치했고, 소련의 브레진스키는 동유럽 국가에게 북한과의 관계 개선을 종용한 것이다. 북·불 관계는 1968년부터 점차 개선되어 1980년대 중반까지 밀월관계가 지속된다.

한국으로 옮겨가는 중심 추

북·불 밀월관계의 전제에는 불가리아의 한국 불인정 원칙이 있었다. 이 원칙은 1980년대 들어 흔들리기 시작하는데, 1980년 불가리아의 해운회사가 현대와 계약을 모색하고 한국인들이 불가리아 입국비자를 신청하기도 한다. 1981년 불가리아산업무역협회(BTPP)와 한국의 대한 무역투자진흥공사(KOTRA)가 초보적인 협약을 맺었고, KOTRA 주선 으로 불가리아 경제인 3인이 한국을 방문한다. 그러나, 1980년대 초반 이러한 한국과의 상업, 산업, 학술, 문화, 스포츠, 비정부기구 간 교류 시도는 북한을 의식한 불가리아 정부에 의해 좌절된다.

한-불가리아와 수교 (MBC보도자료)

한국과 경제·인적교류 움직임은 1980년대 후반 본격화되었고, 88 서울 올림픽은 한국의 경제발전 실상을 불가리아 등 전 세계에 알리는 결정적 계기가 된다. 북한과의 경제관계가 위축되고 정부 간 경제협력 약속이 제대로 이행되지 않자 불가리아는 건실한 한국기업에 눈을 돌렸다. 1987년 12월 부다페스트, 1988년 3월 바르샤바에 KOTRA 사무

소가 개소되는 가운데, 1988년 9월 BTPP 회장이 이끄는 공식경제사
절단 방한과 이성기 KOTRA 사장의 방불에 이어 1989년 6월 소피아
KOTRA 사무소가 문을 연다. 1990년 3월 마침내 한·불 간 국교가 수
립되었고, 50여 개 한국 기업과 은행이 참여하는 한·불 무역산업위원회
가 설립된다.

KOTRA를 척후병으로, 경제라는 실탄과 북방정책이라는 갑옷으로
무장한 대한민국이 성공적으로 동유럽에 상륙한 것이다. 바르샤바조약
와해로 인한 불가리아의 정변, 북한과 동유럽국가의 경제의 침체, 양국
공산지도자의 사망이라는 정세변화가 순풍으로 작용했음은 물론이다.

소피아에서 찾아보는 남북한 협력의 씨앗

동유럽 공산권 붕괴 이후 불가리아는 2004년 NATO, 2007년 EU
가입 등 발 빠르게 서유럽 편입의 길을 걸었고, 북한과의 관계는 더욱

신부남 한국대사, 라데프 대통령, 차건일 북한대사 (2018년, 한국대사 관저)

소원해졌다. 반면 한국은 경이로운 경제성장뿐만 아니라 K-POP, 태권도, 한국어, 한국 영화와 드라마 등 문화콘텐츠에 대한 공감까지 얻으면서 불가리아인의 마음을 사로잡고 있다.

북한은 한국의 약진에 반발하며 초조함을 보여 왔지만, 한반도에서 불어온 남북관계의 훈풍은 소피아에도 전해졌다. 2018년 한국대사 관저에서 개최된 불가리아 대통령 초청 아시아 대사 모임에 북한 대사가 참석할 정도였다. 그러나, 남북관계 정체는 소피아의 남북 접촉에도 악영향을 미쳤고, 코로나 사태 이후 소피아의 북한 대사관은 방역을 이유로 칩거 상태를 유지하고 있다.

남북한이 공존하는 불가리아에서 남북 협력의 씨앗을 찾아보는 것은 의미 있을 듯하다. 한국의 동유럽 진출에서 경제와 인적교류가 척후병이 되었듯이, 한국 마트에 북한산 인삼, 대동강 맥주를 진열대에 올리는 작은 시도가 북한이 국제사회의 정상적인 일원으로 나서도록 독려하는 밀알이 될 수 있지 않을까.

2

북한, 혈맹의 흔적은 어디로

공산정권 시절의 널뛰기 혈맹관계

북한과 불가리아는 80여 년의 관계를 가지고 있지만 현재 불가리아에 남아있는 북한의 흔적을 찾기란 쉽지 않다. 한 때 혈맹이라 불리면서 최고지도자간 우의를 과시했지만, 불가리아의 공산체제 붕괴와 한국의 부상과 함께 양국의 연대는 옛 이야기가 되어버렸다.

불가리아 공산정권 시절 북한과의 관계는 6·25 전쟁 후 밀월기, 1960년대 중·소 분쟁과 북한유학생 망명 사건을 계기로 한 냉각기, 1960년대 후반 소련과 북한 관계개선 이후의 밀월기로 나눌 수 있다. 소련과 북한관계가 양국관계의 중요 변수였고, 김일성과 토도르 지프코프의 친분이 관계발전의 기둥이었다는 점이 흥미롭다.

김일성과 토도르 지프코프의 밀월

6·25 전쟁 시 불가리아 의료진의 북한 파견, 북한 고아 및 유학생

의 불가리아 접수 등으로 다져진 우의를 토대로 1956년 김일성이 최초로 불가리아를 방문한다. 안톤 유고프(Anton Yugov) 총리와 더불어 토도르 지프코프 공산당 제1서기장과도 만났고, 박정애와 함께 반캬의 북한 어린이 보호 시설을 방문했다. 1957년에는 안톤 유고프 총리가 대표단을 이끌고 방북하였고, 1958년 가을에는 발코 체르벤코프(Valko Chervenkov) 부총리 등 의회대표단이 방북한다.

김일성 불가리아 방문 (1956년)

총리가 된 토도르 지프코프는 1960년 UN 총회 연설에서 한국 내 외국군 철수를 주장하는 북한 입장을 지지하지만, 1960년대 중－소 이념 분쟁이 발생하자 불가리아는 소련을 지지하면서 중립적 입장에 있던 북한과 관계가 소원해진다. 아울러 1962년 북한 유학생 망명과 대사 상호 추방사건으로 양국관계는 급격히 악화되어 1960년대 후반까지 냉각기가 이어진다.

중국의 문화혁명에 대한 경계로 북한과 소련 관계가 개선되자 북한
과 불가리아 관계도 완화되면서 1968년 불가리아 대표단이 방북한다.
북한을 중국에서 떼어놓으려는 브레즈네프(Leonid Brezhnev)[1]의 후원
하에 토도르 지프코프가 1973년 10월 북한을 방문하면서 양국간 밀월
관계가 복원되었고, 1975년 6월 김일성이 두 번째 불가리아를 방문하
면서 양국간 밀월이 본격화된다. 김일성은 이 때 남한의 혁명운동 강화,
남한 내 외국군 철수, 평화통일 등을 주장하고 남북한 UN 동시 가입 반
대 입장을 밝힌다. 1976년 3월 지프코프의 딸인 불가리아 예술문화위
원회 의장이 방북하였고, 1980년대초까지 정치, 경제, 사회, 문화 등
제반분야 협력이 강화된다.

지프코프 북한 방문 (1973년)

1　레오니트 브레주네프(Leonid Brezhnev), 소련의 정치인. 1964년부터 1982년까
　지 소련의 최고권력자로, 소련 공산당서기장과 소련 최고회의 상무회 주석을 지
　냈다. 1964년에 전임자 니키타 흐루쇼프를 축출해낸 이래로 1982년 죽을 때까
　지 18년간 집권한 독재자이다.

김일성 불가리아 방문 (1984년)

지프코프와 김일성의 마지막 만남 (1985년 평양공항)

1984년 6월 김일성의 세 번째 방불과 1985년 5월 토도르 지프코프의 답방이 양 지도자의 마지막 만남이 된다. 양측은 중국보다 소련 지지

입장에 공감하는 한편, 두 개의 코리아와 남북한 동시 UN 가입 반대를
표명한다.

사그러진 북한의 존재감

김일성이 사망하고 토도르 지프코프가 권좌에서 물러나자 북·불 관
계의 동력도 급속히 사그러진다. 1990년 불가리아는 북한의 강한 반발
을 무릅쓰고 한국과 수교하였고, 불가리아와 북한 관계는 급속도로 위
축되었다.

불가리아 주재 북한대사관은 1953년 11월 개설되었는데, 발칸지역
의 튀르키예, 알바니아, 마케도니아, 몬테네그로 등을 겸임하는 거점 공
관이었다. 김정일의 사촌인 김평일 대사가 1988년부터 6년간 주재하면
서 그 중요성을 반증하는데, 아이러니하게도 김평일 대사 주재 기간 한

소피아 주재 북한 대사관 건물

국과의 수교가 이루어진다.

북한 대사관 건물은 북한 정부 소유로 세 개의 건물로 구성되어 있다. 2016년 11월 채택된 유엔안보리 대북제재 2321호는 "북한이 소유한 해외공관을 외교 및 영사활동 이외 목적에 사용하는 것을 금지한다"고 규정하고 있는데, 북한 대사관 건물을 임대사업으로 이용하고 있다는 의혹이 논란이 되기도 했다. 세 개 건물 중 '테라 레지던스'는 불가리아의 유명한 예식장 중 하나로 코로나 시기에도 여전히 예약을 받았다고 하며, 불가리아 유명 여가수가 이곳에서 뮤직비디오를 촬영하기도 했다.

북한 주재 불가리아 대사관은 1997년 5월 폐쇄되었다가 2005년 4월 복원되었다. 북한에는 현재 유럽 국가 중 불가리아와 루마니아만이 명목상 대사관을 유지하고 있지만, 불가리아 대사관 직원 2명중 1명은 2020년, 나머지 1명은 2021년 7월 귀국하여 본국에서 파견된 외교관은 없는 상황이다.

남북한과 불가리아의 연결고리 카멘 남 교수

소피아대학 지리학과 카멘 남(Kamen Nam) 교수는 남북한과 불가리아를 이어주는 상징적인 분이다. 아버지 남승범은 북한 군 출신으로 불가리아에서 유학생활 중 불가리아 여성을 만나 카멘 남 교수를 낳고 5년 후인 1959년 북한으로 귀국 명령을 받아 이산가족이 되었다. 카멘 남 교수의 어머니는 어린 아들을 친정에 맡겨두고 홀로 북한에 갔으나 부인이 외국인이라는 이유로 박해를 받고 대학교수 자리를 빼앗기자 2년 만에 스스로 불가리아로 돌아온다. 그 후 재혼도 하지 않은 채 남편을 그리워하며 아들 성도 그대로 사용하고, 혹여나 남편에게 해가될까 북한과 일체 연락을 끊고 살아왔다고 한다.

카멘 남 교수는 같은 남이 장군의 후손인 남경필 경기도 지사의 초청으로 2016년 한국을 방문하여 한국 언론의 조명을 받았고, 탈북하여 한국에 거주하고 있던 이복동생과 재회하기도 했다.

카멘 남 교수는 저명한 지리학자로, 그의 해박한 지식은 필자가 불가리아에 적응하는 데에도 큰 도움을 주었다. 특히 직접 작성해 준 불가리아 와이너리 리스트는 관저 와인을 구입하는데 큰 참고가 되었다.

카멘 남(Kamen Nam) 교수, 칼린 한불상공회의소회장과 관저 만찬

비빔밥과 냉면을 함께

7백만 재외동포라 불리듯 한국 디아스포라의 저력은 대단하고, 전세계 대부분의 나라에 한국 동포가 거주하고 있다. 반면 해외에 거주하는 북한 사람은 많지 않다. 유학생은 일정기간이 지나면 반드시 북한으

로 복귀해야하고, 노동자들도 주기적으로 교대한다고 한다. 불가리아에서도 북한 사람을 찾아보기 힘든데, 한국과 수교 이후 대사관 직원을 제외하고는 모두 북한으로 귀국했다고 한다.

북한 대사관 직원의 주거시설도 대사관 부지 내에 있기 때문에 외부로 나오는 일은 많지 않다고 한다. 코로나 팬데믹 이후 북한 공관원은 외교활동을 포함한 거의 모든 대외 활동을 하지 않으면서 공관 내 칩거 상태에 있다. 과거에는 마트에서 북한 사람을 만나는 경우가 있었지만, 최근에는 그나마도 보기 힘들다고 한다. 외교단 중에서도 북한 대사관 직원을 만난 적이 있다는 외교관을 거의 보지 못했다.

한국인에게 마음대로 갈수 없는 몇 안 되는 지구상의 땅이 북한이다. 북한 사람과 만나는 데에도 여러 제한이 있다. 북한 대사관이 있는 불가리아에서 북한 사람을 만나, 사람 사는 이야기, 한반도 평화에 대한 이야기를 나누는 상상을 해본다. 영어나 통역이 없이 한국말로 대화할 수 있다는 것은 서로에게 얼마나 큰 기쁨인가. 북한이 하루빨리 핵무장의 허상을 버리고, 대화와 개방만이 안전과 번영을 가져온다는 실상을 깨닫기 바란다. 보야나(Boyana) 관저에서 북한 대사와 비빔밥과 냉면을 함께하며 한반도 평화를 논할 날을 고대해 본다.

3

사자와 호랑이의 만남

오솔길을 개척하는 경제

발칸의 사자와 한반도의 호랑이가 만나게 된 결정적 계기는 한국의 경제발전과 88서울올림픽이었다. 올림픽은 한국과 한국기업을 동유럽에 알렸고, 경제협력은 한국과 불가리아 간 길을 닦는 중요한 수단이 되었다. 양국 간 공식 수교 전인 1989년 서울에 불가리아 상공회의소, 소피아에 KOTRA 사무소를 개소했고, 삼성물산, 현대상사, 대우자동차 등이 속속 소피아에 사무소를 개설했다. 당시 현대상사에서 근무했던 칼린 다미아노프(Kalin Damianov)는 현재 한불 상공회의소 회장을 맡으며, 양국 간 경제관계 발전을 위해 지원을 아끼지 않고 있다.

양국 간 경제관계에는 시련도 많았다. 대우는 쉐라톤 호텔, 세계무역빌딩을 인수했으나 2000년대 초 경제위기로 이를 매각했고, 대우자동차판매법인도 문을 닫았다. 현대중공업도 1997년 변압기 제조회사를 인수하여 경영했으나 2019년 매각하고 말았다.

세르디카(Serdika) 쇼핑몰 삼성 개점식 (2022년)

우리 기업의 태양광 발전소

불가리아는 전통적으로 IT 분야 강국으로, 한국은 IT 센터 개설을 지원하는 등 이 분야에서 많은 협력이 이루어졌다. 그후 미국, 영국 등

IT 업체가 대거 불가리아 시장에 진출하여 불가리아는 현재 IT 아웃소싱 분야에서 유럽 Top 3로 부상하였다. 특히, 소피아는 IT를 위주로 한 스타트업의 세계 10대 중심지로 동유럽의 실리콘밸리로 불리 운다.

1990년대와 2000년대 초 한국 투자기업의 실패 원인에는 한국의 IMF 위기와 불가리아의 정치경제 불안정이 있었다. 2007년 불가리아의 EU 가입 이후 한국 기업의 불가리아 시장에 대한 관심이 증가했고, 불가리아도 자본과 기술을 가진 한국기업의 투자를 희망하지만 아직까지 이렇다 할 투자가 이루어지지 못하고 있다. 현재 한국에서 파견된 직원이 근무하는 투자기업은 태양광 발전에 합작 투자한 남동발전과 SDN이 유일하다.

불가리아에 대한 해외기업 투자가 미미한 이유 중 하나로 불확실한 제도와 관행의 문제가 제기되기도 한다. 불가리아 정부는 최근 반부패와 친비즈니스 정책을 표방하면서 외국인 투자유치에 적극 나서고 있다. 삼성, 현대, LG 등 한국기업 제품에 대한 인기가 꾸준히 높아지고 있는 가운데, 포스트 팬데믹 시대 한국기업의 투자와 양국 간 교역이 대폭 확대되기를 기대해 본다.

정치로 오솔길 넓히기

1990년 3월 최호중 외교장관이 방불하면서 한국과 불가리아의 외교 관계가 수립되었다. 양국은 그 후 1994년 무비자 입국 90일 비자면제 협정을 체결하고, 군사비밀정보보호 및 교환협정도 체결하는 등 관계를 꾸준히 발전시켜왔다.

불가리아의 젤류 젤레프(Zhelyu Zhelev) 대통령과 게오르기 파르바노프(Georgi Parvanov) 대통령이 방한하였고, 2015년 5월 로센 플레

플레브넬리에프 대통령 방한

이낙연 총리 방불

보리소프 총리 방한

브넬리에프(Rosen Plevneliev) 대통령이 수교 25주년을 맞아 방한하여 박근혜 대통령과 양국관계를 포괄적 미래지향 동반자관계로 격상시켰다. 한국 측에서는 한명숙, 김황식 총리에 이어 2017년 이낙연 총리가 방불하였다. 불가리아의 최고 실권자인 총리의 최초 방한은 2019년 9월 보리소프 총리에 의해 이루어졌다.

국회와 사법부간 교류도 활발하여 국회의장 등 국회대표단 교류, 헌법재판소장과 대법원장 등의 왕래가 지속적으로 이루어지고 있다. 우리나라 대통령의 방불은 아직 이루어지지 않았는데, 2022년 1월 두 번째 5년 임기를 시작한 루멘 라데프 대통령의 임기 중 우리 대통령의 방불이 실현되기를 고대해 본다.

한국 대사관은 최초 비토샤 호텔(마리넬라 호텔)에 입주한 후 국립문화궁(NDK) 건물로 이전했다. 1998년 대우가 세계무역빌딩(인터프레드) 건물을 매입한 후 이 건물로 입주하여 20여 년을 지냈으며,

2019년 현재의 모비아트 건물로 이전하였다. 수교 30년이 훌쩍 지났는데 아직까지 국유화된 대사관 단독 건물이 없다는 것은 무척 아쉬운 일이다.

반면, 보야나 지역에 위치한 관저는 2010년 김명진 대사 시절 국유화하였고, 2012년 전비호 대사가 증축하였다. 지금 이 지역은 대통령 관저, 미국대사 관저 등이 있는 고급 주택가로 탈바꿈하여 방문하는 사람들의 부러움을 사고 있다. 지도자의 현명한 판단은 돈으로 환산할 수 없는 가치를 가져온다는 것을 다시 한 번 일깨워준다.

대사 관저

한인 사회와 함께 대로 만들기

한인사회는 불가리아에서 '오비챰 코레야(사랑해요 한국)'를 개척하고 확산시키는 데 큰 역할을 하고 있다. 한불 수교 직후 한인사회가 자

관저 정원에 나타난 새끼 여우

리 잡는 데에는 북한 유학생 출신 네 분의 기여가 컸다고 한다. 최동성 씨는 젤류 젤레프 대통령과 친분이 있어 그의 방한을 수행하기도 했고 대사관에서 통역관으로도 잠시 근무했다. 이상종 씨는 한국 대사관을 도와 정부 및 민간의 대표단 방문을 지원했고, 이상직 씨는 1992년부터 소피아 삼성물산 소장으로 근무했다. 최동준 씨는 스타라자고라에서 농업에 종사하면서 한인에게 배추와 무우 등을 공급해 주셨다. 이 분 중 두 분은 불가리아 국적을, 두 분은 약 30년간을 무국적자로 지내다 1991년 한국 국적을 취득하였다. 지금은 네 분 모두 고인이 되어 불가리아 땅에 영면하고 있지만, 한인사회의 큰 어른으로 존경받고 있다.

한인사회는 한인교회와 선교사와 함께 발달했고, 현재도 교민의 60% 이상이 선교사 분들이다. 한인회는 한인사회 발전을 위해 노력하고 있고 대사관과도 긴밀히 협조하고 있다. 한글학교는 현재 소피아대 한국학과 건물을 이용하여 한인교민 자녀들에게 한국어를 가르치고, 다양한 활동을 통해 다음 세대를 키워가고 있다.

한인사회 대표와 2022 신년회

요식업, 숙박업, 관광업 등 자영업에 종사하는 분들은 한식 확산과 관광교류 활성화에 크게 기여하고 있다. 2010년 인천-이스탄불 직항이 생긴 이래 불가리아 방문 한국인 관광객이 증가하여 한때 15,000명까지 달했다고 한다. 드라마 〈꽃보다 누나〉가 크로아티아 방문객 급증에 큰 역할을 했던 것처럼 〈소피아의 장미〉 같은 드라마나 영화가 만들어져 불가리아가 동유럽 관광의 새로운 핫스팟이 되기를 기원해 본다.

불가리아는 은퇴 이민 대상지로도 각광 받고 있다. 우리나라와 비슷한 국토 크기에 인구는 1/7 정도이니 그만큼 삶의 여유가 있고, 살기 좋은 자연환경, 저렴한 물가, 안전한 치안, 호의적인 국민성 등이 장점으로 꼽히고 있다.

포스트 팬데믹 시대 정치, 교육과 문화, 경제, 관광 등 모든 분야에서 양국 간 왕래가 확대되어 불가리아 한인사회에 큰 활력이 되기를 기대한다. 벌이 이곳저곳 다녀야 아름다운 꽃이 피듯이 우선 사람이 자주 다녀야한다. 사람이 다니면 산에 오솔길이 생기고, 돈과 물건의 왕래가 트이면서 오솔길이 대로가 된다.

4

한류와 함께 춤을

한국 알기의 첫걸음 한국어

불가리아인은 교육열이 높고 외국어에 능하다. 초등학교부터 외국
어반을 운영해서인지 대부분의 국민이 영어, 러시아어, 독일어, 이탈리
아어, 프랑스어 중 한 두가지 언어에는 무척 능통하다. 한국어를 배우려
는 불가리아인이 늘고 있는 것은 기쁜 일이다. 소피아 최대 학교인 18번
학교는 2011년부터 고등학부에 한국어반을 개설했고, 한국어 강좌를
개설하는 학교도 늘고 있다. 한국 정부는 18번 학교의 한국어센터를 지
원하고 있지만, 일본이 일본어문화센터 단독건물을 지어준 것에 비하면
매우 미미한 편이다.

소피아대학교에 1995년 한국학이 개설되었고, 2010년 정교수 7명
을 둔 단독학과로 승격되었다. 알렉산더 페도토브(Alexander Fedotov)
교수는 한국학과 설립을 주도하였고, 20여 년간 학과장을 역임하면서
한국학과 발전에 크게 기여하여 지금도 그를 기리는 행사가 매년 개최
되고 있다. 한국정부는 2003년 한국국제협력단(KOICA) 사업으로 소피
아대 한국학과 건물 증축을 지원한 바 있다. 2022년부터는 한국어가 불

가리아의 수능시험 과목에 시범으로 포함되어 한국어만 잘하면 소피아대 한국학과에 입학할 수 있는 길이 열렸다. 2013년에는 세종학당을 개설하여 한국어에 관심 있는 불가리아인을 지원하고 있다.

한국 정부는 2008년부터 정부초정 외국인 장학생(GKS) 사업을 통

소피아대 한국학과 교수

18번 학교 1학년 한국어반

해 매년 8~10명의 불가리아 학생을 선발하여 한국에 보내고 있다. 학비 전액과 생활보조금까지 지원하는 제도로 한국에 관심 있는 학생에게는 최고의 기회라 할 수 있다. 다만 이들이 한국에서 공부한 후 귀국하여 한국과 관련된 곳에서 일하려 해도 관련 취업자리가 많지 않아 한국

GKS동문회 (2021년)

한국외대 불가리아어과를 방문한 보리소프 총리 (2019년)

과 무관한 일을 하는 경우가 많다는 것은 아쉬운 점이다. 부임 후 매년 GKS 장학생 동문회를 개최하여 한국에 대한 기억을 공유하면서 후배들에 대한 지원과 유대를 강화하는 방안을 협의하고 있다.

2005년에는 한국외국어대학에 그리스불가리아학과가 개설되었고, 현재 불가리아어는 불가리아인 2명과 한국인 1명이 교수를 맡고 있다. 루드미라 아타나소바(Lyudmila Atanasova) 교수에게 부임 전 불가리아어를 잠시 배웠는데 매번 용인에서 광화문까지 와서 친절히 가르쳐준 열정에 감사드린다.

태권도로 심신단련과 국위선양

전 세계 한류의 원조는 태권도라고 해도 과언이 아니다. 태권도는 배우는 사람의 몸과 마음을 단련할 뿐만 아니라 각종 국제대회에서의 수상을 통해 가족과 나라의 명예도 빛낼 수 있다. 특히 올림픽 종목이라는 점은 정부의 지원금이나 대회 위상에도 큰 영향을 미친다.

슬라비 비네프(Slavi Binev) 불가리아 태권도협회장은 유럽 대회를 다수 개최하고 한국도 자주 방문하면서 태권도 저변 확대를 위해 열정적으로 활동하고 있다. 디미타르 미하일로브(Dimitar Mihaylov)는 아버지와 함께 매년 60여 개국에서 1,500여 명의 선수가 참여하는 대규모 라무스(Ramus) 태권도 대회를 자비로 개최하고 있다. 일리아나 요토바(Iliana Yotova) 부통령은 각종 태권도 대회에 참석하여 축사를 하는 등 각별한 성원을 보내주고 있다.

부임 다음날 첫 대외 행사가 태권도 대회 참석이었고, 인사말을 통해 부임 전 배운 불가리아어 몇 마디를 했는데 아직도 회자되곤 한다. 태권도 대회 참석 때마다 불가리아어 인사말을 늘려나가려고 노력하고 있

2022 소피아 세계 주니어 챔피언쉽 개막식에 참석한
조정원 세계태권도연맹 총재와 Rumen Radev 대통령

플로브디프 로마원형극장에서 태권도 시범단 공연

다. 육군병장 검은 띠 출신에게 태권도는 특별한 존재이다.

불가리아 국립체육대학에 태권도학과가 개설되어 있고, 미트코 아브
라모프(Mitko Avramov) 교수는 7개의 도장을 운영하면서 태권도 보급

국립체육대학(NSA) 총장과 리듬체조 금메달리스트

에 큰 기여를 하고 있다. 니콜레이 이조브(Nikolay Izov) 국립체육대 총
장은 호방한 성격으로, 2020 도쿄 올림픽 금메달리스트인 불가리아 체
조요정들과 오찬 자리를 마련해 주기도 했다.

뻗어나가는 K Culture

불가리아 젊은이들 사이에서 K-POP 매니아층이 늘어나고 있다.
매년 열리는 K-POP 콘테스트 열기가 해가 갈 수록 뜨거워지는 걸 보
면 느낄 수 있다. 2022 K-POP 콘테스트에 응모한 불가리아 팀이
KBS가 전세계에서 8팀을 뽑는 본선에 진출하는 기염을 토하기도 했다.
BTS의 CD는 최고의 선물이고, 한국 아이돌 그룹의 사진은 보물단지가
된다. 대사는 '무대인'이기에 해박한 한류 지식과 경우에 따라 '개인기'
무장도 필요하다는 생각이다.

젊은이들에게 K-POP이 대표적인 한류라면 중장년층에게는 드라
마와 영화가 공감을 얻고 있다. 〈오징어 게임〉은 딱딱한 자리를 부드럽
게 해주는 공통의 화제이고 〈대장금〉, 〈사랑의 불시착〉 등의 드라마는
한국을 친숙하게 느끼게 하는 촉매제이다.

한류에서 빼놓을 수 없는 것이 한식이다. 불가리아인도 채소류를 절

2022 K-POP 월드 페스티벌

한식 콘테스트 (2021년)

여서 매끼 먹는데 이를 '불가리아식 김치'라고 부르기도 한다. 발효 식품 위주인 한식에 대한 관심도 커서 불가리아인을 대상으로 하는 한식 콘테스트, 한식 체험 행사 등을 개최하면 국영방송인 BNT, BTV 등이 매번 방송을 내보내는 등 인기가 많다.

국경일 행사 (2021년)

오페라, 오케스트라 등의 공연 수준이 높은 불가리아에서 한국 음악도 관심을 끌고 있다. 한국인 성악가와 불가리아인 소프라노가 협연한 2021년 10월 한불 음악콘서트는 큰 갈채를 받았다. 2022년 6월에는 한국의 동서악회와 불가리아 연주자의 합동공연이 성황리에 개최되었다. 이곳에 거주하는 한인들이 만든 소영 사물놀이 공연도 흥을 돋구고 한국의 전통을 알리는데 큰 역할을 하고 있다.

매년 10월 3일 개천절 전후 개최하는 국경일 행사는 한식과 한류, 태권도 등을 모두 소개할 수 있는 좋은 기회다. 2021년에는 팬더믹으로 소규모 착석 디너로 진행하면서 태권도, K-POP, 사물놀이 공연을 시연했다. 2022년은 예년처럼 대규모 스탠딩 리셉션으로 개최하여 한식 체험과 한국제품 전시 등의 기회를 가졌다.

불가리아 외교부, 외교단과 함께하는 공공외교

불가리아 외교부는 매년 7월 외교단 초청 골프대회를 개최한다. 2021년 부임 직후 참석했는데 대회 전날 외교장관 부부와 만찬을 함께 하는 좋은 외교활동 기회가 되었다. 2021년 8월 신임장 제정 직후 대통령과 단독 환담 시 루멘 게오르기에프 라데프(Rumen Radev) 대통령이 골프대회 이야기를 꺼내며 흑해연안의 트라시안 클리프(Tracian Cliff) 골프장에 꼭 가보라는 덕담을 해 주었다. 불가리아현대가 매년 주최하는 'I LOVE KOREA' 골프대회는 불가리아에 한국을 알리고 한인사회가 주체적으로 함께 참여하는 의미 있는 공공외교 행사다.

불가리아 주재 아시아 대사관이 공동으로 매년 여름 아시안 페스티

루멘 라데프(Rumen Radev) 대통령과 환담

발을 개최한다. 소피아 시내 공원에서 1만여 명의 불가리아인이 찾는 대규모 공공외교 행사로, 한국 부스에는 가장 많은 방문객이 방문하고, K-POP, 사물놀이, 태권도 등의 공연은 큰 호응을 얻는다.

아시안 페스티발 2022

5

붉은 장미의 손짓

장미와 무궁화의 교류

한국과 불가리아는 1990년 수교이래 많은 분야에서 관계 발전을 이루어 왔다. 불가리아에서 삼성, 현대, LG 등은 이미 최고급 제품의 반열에 올랐고, 한국의 경제발전 과정은 불가리아 경제발전 계획의 롤 모델로 거론되어 왔다. 많은 불가리아 젊은이가 K-POP과 한류를 즐기고, 태권도로 심신을 단련하며 국제무대에서 불가리아의 위상을 높이고 있다. 초등학교에서 대학까지 한국어와 한국학을 배우는 학생들이 늘어나고 있고, 한국 드라마와 영화는 다양한 연령층에서 사랑받고 있다.

장미의 나라 불가리아에는 무궁화 꽃도 많이 피어 있다. 소피아의 각급학교에서는 '무궁화 꽃 심기 행사'를 개최하며 한국대사를 초청하기도 한다. '무궁화 꽃이 피었습니다'와 비슷한 놀이를 불가리아 아이들도 즐겨한다. 한국기업은 장미와 무궁화를 섞어 제품을 만들어 홍보하고 있다. 장미와 무궁화의 우의를 바탕으로 양국 간 교류를 더욱 확대하여 결실의 열매를 만들어갈 때이다.

우크라이나 전쟁과 흑해 연안국의 전략적 중요성

불가리아는 공산체제 하에서 중공업 분야 경제강국이었다. 그러나, 동구 공산권 몰락 후 시장경제 편입 과정에서 대부분의 제조업이 경쟁력을 상실하였고 지금은 서비스업, IT 산업, 관광업, 낙농업 등이 근간을 유지하고 있다. 불가리아는 또 2027년까지 배정된 약 286억 유로의 EU 기금을 활용한 인프라 개선과 친환경 에너지 산업 투자를 통한 지속

소피아 비즈니스 센터

적인 경제성장을 도모하고 있다.

우크라이나 전쟁 와중에서 물류이동과 유럽·중동 진출의 협력 파트너로 흑해 연안국인 불가리아의 전략적 중요성이 재차 조명되고 있다. NATO와 EU 회원국인 불가리아는 인프라 확충과 제도 개선 등 친비즈니스 정책을 추진하면서 첨단기술과 자본력을 가진 한국기업에 손짓하고 있다.

불가리아의 가장 큰 장점은 EU 시장에 대한 접근성이다. 불가리아는 동서를 잇는 지정학적 요충지이자 흑해 해운의 관문으로, 2007년 EU 가입 이래 EU의 제도와 규칙을 꾸준히 정비해왔고 2024년 1월 유로존 가입을 추진하고 있다. EU 국가중 가장 낮은 10%의 법인세는 투자 기업에 큰 매력이며, 풍요로운 자연과 저렴한 물가수준은 많은 비즈니스맨에게 풍족한 생활수준을 제공한다. 아울러, 발칸반도 인근과 흑해 및 지중해 연안 국가와의 역사적 유대와 각국에 거주하는 많은 불라이아인은 불가리아의 투자 여건을 한층 높여준다.

한편, 높은 교육열과 체계적인 시스템을 바탕으로 한 양질의 인력은 유럽 내에서도 인정받고 있다. 초등학교부터 영어와 제2외국어를 가르치고 있고, IT 등 첨단 분야 인재양성에도 집중 투자하고 있다. 인건비가 주변 유럽국가에 비해 낮아 젊고 유능한 인재의 해외 유출로 인한 노동력 부족이 지속되고 있지만, 유로존 가입과 경제 안정에 따라 인재 귀국이 본격화될 것이라는 전망이다.

불가리아인은 한국의 경이로운 경제성장뿐만 아니라 문화 콘텐츠에도 찬사를 보내고 있다. 한국과 한국 기업에 대한 불가리아인의 우호적인 이미지는 사업하기 좋은 환경을 제공하고 있다.

작은 걸음부터 손잡고 가보자

포스트 팬데믹 시대 한국과 불가리아가 손잡고 함께 일구어나갈 틈새시장이 떠오르고 있다. 먼저, 기후변화 대응과 유럽의 탄소배출권 제한 등에 따른 태양광, 풍력 등 재생 에너지 분야 협력 여지는 갈수록 커지고 있다. 석탄 발전이 전체의 40%를 차지하고 있는 불가리아는 전기·수소 자동차 등 미래 친환경 모빌리티 부문 투자유치에 적극적인 만큼 앞선 기술과 경쟁력을 가진 우리와 협력 잠재력은 크다. 한국 기업은 이미 태양광 발전에 투자하여 안정적인 전력생산을 유지하고 있다. 우크라이나 사태로 인한 에너지 공급 문제 완화를 위해 원자력에 대한 관심이 높아가면서 이 분야에서의 협력 가능성도 커져가고 있다.

불가리아는 천혜의 비옥한 땅과 풍부한 일조량으로 최고의 낙농업을 유지하고 있다. 불가리아의 바이오, 유기농 원재료를 한국의 첨단기술과 접목시켜 유럽시장에 진출한다면 팬데믹 이후 건강 우선 선진산업을 선도할 수 있을 것이다. EU 시장을 염두에 둔 첨단 의료산업 분야 협력 가능성도 크다. 또한 불가리아는 장미 라벤더 오일의 주요 수출국인데, 우리 화장품 기업의 뛰어난 기술과 불가리아의 최고급 원재료가 만나면 최상의 제품을 기대할 수 있다. 불가리아에서는 2015년부터 2020년까지 연 평균 한국 화장품 수입이 105%씩 증가하면서, 한국은 2020년 불가리아의 5위 화장품 수입 국가가 되었다.

K Beauty 2022

한편, 불가리아는 IT, AI, 디지털 산업에 집중 투자 중이다. 최초의 현대식 컴퓨터 ABC(아타나소프 베리 컴퓨터) 개발자인 존 아타나소프가 불가리아계 미국인이라는데 불가리아인들은 큰 자부심을 가지고 있다. 소피아, 부르가스 등 주요 도시들은 스마트시티 첨단 산업 개발을 추진하면서, 이 분야에서 독보적인 기술과 경험을 가지고 있는 우리 지방자치단체에게 손을 내밀고 있다.

불가리아 경제의 10~15%를 차지하고 있는 관광업도 주목할 만하다. 불가리아는 고대 유적지, 등산과 하이킹, 스키, 온천, 골프, 해변 등 다채로운 친환경 관광자원을 가지고 있다. 소피아, 플로브디프, 부르가스, 바르나, 벨리코터르노보 등 불가리아 일주 관광상품은 한국인의 눈과 귀를 즐겁게 하고 마음을 힐링해 줄 것이다. 아울러 이스탄불, 루마니아, 북마케도니아 등 인근국가와 패키지 상품 개발 잠재력도 있다.

천 리 길도 한걸음부터라는 말이 있듯이 작지만 구체적인 걸음을 디뎌나가면 불가리아와 대한민국이 발칸반도와 동아시아의 공동번영을 선도할 수 있을 것이다. 먼 옛날 중앙아시아 초원에서 말 달리며 스쳐 지났을지 모를 한국인과 불가리아인, 미래의 평화와 번영을 위해 함께 손잡고 달려가자.

"온 세상을 두루 다니며 더욱 많은 것을 배운다. 새로 만난 모든 것 마음으로 함께 배운다. 낡은 것을 모두 벗어버리고 마음으로 함께 배운다" 대학시절 즐겨 부르던 노래 가사를 늘 가슴에 새기고 다녔다. 외교관으로 세계 곳곳을 다니며 많은 것을 배울 수 있었던 것은 참으로 감사한 일이다. 새로운 사람과 세상을 만난다는 것은 가슴 설레는 기쁨이지만, 두렵고 피곤한 도전이기도 하다. 한국의 경제수준이 하루가 다르게 높아지면서 해외 생활의 장점도 현저히 줄어들었다. 선진국과 개발도상국을 막론하고 새로운 환경 적응에는 '문화적 충격'의 시련이 뒤따르기 마련이다. 그러나, 어느 곳에 가든 그 나라의 문물을 배우고, 사람을 만나 정보를 수집하고 친구를 만들고자 뛰어다녔다. 공무원의 덕목과 함께 기자와 학자의 가치도 갖추고자 노력했다. 외교관은 말과 글을 무기로 국익을 위해 싸우는 최일선의 전사이기 때문이다.

유럽 근무에는 많은 장점이 있다. 서양 문명의 뿌리와 역사를 교과서가 아닌 생생한 체험으로 배울 수 있다. 우리에게 서방은 미국 중심으로 인식되지만, 유럽은 분명 이민의 나라 미국과 다른 깊이와 저력이 있다. 유럽 대부분의 국가에서 영어가 모국어가 아니므로 핸디캡 없이 대화할 수 있는 것도 장점이다. 유럽뿐만 아니라 발칸반도와 아스타나 반도의 쟁투, 기독교와 이슬람의 대립, 지중해를 둘러싼 유럽과 북아프리카의 경쟁 등 유럽과 주변 세력의 관계를 주재국과 직결된 역사로 접할 수 있는 것도 유럽 근무가 주는 혜택이다.

불가리아는 천혜의 자연 조건을 갖춘 살기 좋은 나라이다. 그러나 너무 좋은 생활 여건이 발전을 더디게 하는 요인도 된다. 우리나라는 혹독한 자연환경과 치열한 경쟁 때문에 늘 긴장하고 노력하지 않으면 자체가 쉽지 않다. 반면, 불가리아는 농작물과 자원이 넉넉해서 기본적인 삶을 걱정하지 않아도 되고, 인구도 많지 않아 남보다 빨리 더 높이 올라가려고 아둥바둥하지 않아도 생활에 지장이 없다. 우리나라는 식당이나 술집에 사람이 많으면 호황의 증거지만, 불가리아는 오히려 불황기에 손님이 많다고 한다. 워낙 낙천적인 성격에다 불안과 체념을 먹고 마시는 것으로 달래기 때문이다.

우리나라 수도권 지도에는 해가 바뀌면 새 고속도로가 그려지는데, 불가리아의 주요 고속도로는 이십년 째 공사가 지속되고 있다. A1, A2, A3 등 3개의 주요 고속도로 가운데 제대로 완공된 고속도로는 A1이 유일하고, 나머지는 일부 구간이 여전히 공사 중이다. 대부분의 국도는 잘 정비되어 있지 않고 보수공사도 별로 하지 않는다. 도로를 잘 닦아 사람의 이동을 편리하게 하고, 풍부한 관광자연을 개발하여 상품화하는데 그다지 열성적이지 않아 보인다. 물론 개발과 상품화 필요성에는 모두 공감하지만, 지금 이대로 큰 불편함이 없는 것에는 투자의 우선순위가 떨어지는 듯하다.

불가리아의 발전을 저해하는 또 다른 요인은 공공(public) 개념이 약하다는 점이다. 공공 분야가 약하면 결국 피해는 모두에게 돌아간다. 예를 들어 사무실이나 아파트를 건설할 때 우리나라는 도로, 주차장, 공원, 학교 등 공공시설을 기부체납 등의 방식으로 우선 확보하고 개발을 추진하지만, 불가리아는 개별 건물을 최대한 넓게 짓고 도로나 주차장 등은 그 다음 고려사항이다. 결국 도로는 좁고 구불구불하게 되고 그 피해는 고스란히 개개인 모두가 부담하게 된다.

　비효율적인 제도와 불투명한 관행이 교역과 투자를 어렵게 하는 요인이라는 지적도 있다. 크지 않은 시장과 줄어드는 인구가 경제적 효율성을 저해하는 측면도 있다. 우리나라 기업이 불가리아 투자를 모색하다가 최종 단계에서 여타 국으로 발길을 돌린 사례도 있다고 한다. EU 기준에 맞는 제도와 시스템 확립을 추구하고 있지만, 어느 정도의 부정부패는 모든 유럽 사회의 관행이라고 항변하는 목소리도 들린다.

　우리나라 대부분의 유럽국가와 달리 불가리아는 게임장 설립에 대한 지역 제한이 없다. 대도시는 물론 한적한 지방 도시에도 크고 작은 게임장이 난립해 있고, 게임장 광고물은 거리와 온라인 곳곳에 넘쳐난다. 게임 산업은 외국인 관광객 유치에 기여하는 측면도 있지만, 게임 중독이나 경제적 파산 등의 사회문제를 일으키기도 한다.

　친구가 되는 지름길은 관심과 애정이다. 관심을 가지면 그 사회가 보이고, 애정을 가지면 그림자 보다는 빛이 많이 보인다. 불가리아는 지리적으로 우리와 멀리 떨어져 있고 부족한 부분도 있지만 관심과 애정을 가져볼만한 나라다. 공산체제 경험과 북한과의 추억을 갖고 있는 불가리아는 북한이라는 숙명을 안고 있는 우리에게 많은 시사점을 줄 수 있다. 보다 많은 한국인이 불가리아를 방문하고, 서로를 이해하는 친구가 되기 바란다. 교역과 투자가 더욱 활발히 이루어져 서로에게 도움이 되는 파트너가 되기를 기대한다. 유구한 역사와 찬란한 문화를 공유하는 한국과 불가리아가 '오비챰 코리아, 불가리아 좋아요'를 외치며 손잡고 함께 나아가기를 소망한다.

2022년 11월
소피아 보야나에서

| 단행본 |

김소영, 요르단 바에프, 『남북한 관련 불가리아 문서 목록집』, 도서출판 선인, 2018.
김소영, 에브게니 칸딜로프, 스베틀라 케르테바, 『냉전시기 불가리아 소재 한반도 관련 사진집』, 도서출판 선인, 2021.
김원희, 김철민, 『또 하나의 유럽, 발칸유럽을 읽는 키워드』, HUINE, 2009.

A. Fol, *The Bulgarians*, TANGRA Publishers, 2015 5th edition.
A. Fol, *The Bulgarian Civilization*, TANGRA Publishers, 2007 2nd edition.
A. Fol Ed., *The Bulgarians Atlas*, TANGRA Publishers, 2001.
B. Dimitrov, *Bulgaria Illustrated History*, Borina Publishing House, 1994.
Bosilikoff, P. Pavlov, *Veliko Turnovo The Incredible Town XXV Century*, Bosilikoff Publishers, 2001.
Borislav Dryanovski, Georgi Filipov, *100 years – Varna Holiday destination*, Publisher house FIL & Slavena, 2021.
Ivo Jankovski, *Macedonia timeless*, Treto UvoL, 2014.
K. Linkov, A. Pizhev, *The old Plovdiv*, LETTERA Publishers, 1998.
N. Ovcharov, *Medieval Bulgarian Empire*, LETTERA Publishers, 2006.
P. Pavlov, *Bulgaria and the Bulgarians. A brief History*, Borina Publishing House, 2009.
Paul Stephenson, *The Legend of Basil the Bulgar – slayer*, Cambridge University Press, 2003.
R. Nikolova and N. Genov, *Bulgaria – nature, people, civilizations*, Ciela, 2005.
T. Nikolova, R. Dukadinova ed., The symbols of Bulgaria, Bulgarian Bestseller Publishing House, 2019
Petar Konstantinov, *History of Bulgarian Diplomatic Relations*, Bulgarian Bestseller − National Museum of Bulgarian Books and Polygraphy, 2021

| 논문 |

유럽한인총연합회, 「유럽한인 100년의 발자취」 제3권 불가리아편, 유럽한인총
    연합회, 2020.

김소영 · 요르단 바에프, 「Korea in the Bulgarian Archives 1945~95」, 북
    한국제문제연구사업 보고서(NKIDP Working Paper #5), Woodrow
    Wilson International Center for Scholars, 2017.

최권진 · 김소영, 「불가리아 북한 유학생의 인생여정-이상종씨를 중심으로-」,
    한국학중앙연구원(AKS 2012 BBZ 2105), 인하대학교 · 소피아대학교,
    2013.

Alexander Markov, *Tsar Kaloyan - warrior and diplomat*, BNR, 2013.

Andrea Brinza, *Strategic Competitors in search of China: The story of
    Romania and Bulgaria*, 2020.

Angel Angelov, *The Bulgarian Regional Diplomacy in the Context of the
    NATO enlargement toward the Balkans*, 2004.

Cristian Nitoiu and Teodor Lucian Moga, *Change and continuity in
    Bulgaria and Romani's foreign policies post−EU accession*
    European Politics and Society, 2021.

Didar Erdinc and Emilia Zankina, *Only an EU apart: Bulgarian−Turkish
    Economic and Political relationships in the post−accession period*,
    The Balkan Dialogue Conference, 2013.

Dimitar Belchev, *China's Influence in Bulgaria*, 2021.

Emilia Zankina, *A delicate balancing act: Turkish - Bulgarian relations
    within the context of foreign and domestic politics*, Southeast
    European and Black Sea Studies, 2022.

Evgeniy Kandilarov, *Bulgaria external relations briefing: Overview
    of the Bulgarian International Relations in 2020*, China - CEE
    Institute Vol.35, 2020.

Evgeny Kandilarov, *Bulgaria and Japan: From the Cold War to the Twenty-first Century*, 2013.

Fabio Telarico, *American diplomacy's comeback and Bulgaria's international trench war*, 2021.

Janka Oertel , *The New China Consensus: How Europe Is Growing Wary of Beijing*, 2020.

Joan Hussey, *Basil II. Encyclopaedia Britannica*, 2021.

John W. Handley, *Bulgarian Political Development 1989 - 2003*, American Diplomacy Vol. VIII, 2003.

M.E. Rodionova, *Dynamics of Bilateral Cooperation between Russia and Bulgaria at the Present stage*, Humanities and Social Sciences Bulletin of the Financial University, 2020.

Nadejda Gandjeva, *Comparing Japan's public diplomacy in Europe: The Japan Foundation in Bulgaria and France*, Humanities and Social Sciences Vol.7, 2020.

Nadejda Petrova, *Japan's Public Diplomacy in Practice: The case of Bulgaria*, 2018.

Natalia Sienko, *Bulgarian - Turkish Relations in the context of contemporary migration crisis*, VoSA Vol.1, 2017.

Penka Peeva, *Bulgarian - Russian relationships in the context of global powers' geopolitical strategies in the Balkans*, IJAS, 2015.

Rumena Filipova, *Chinese Influence in Bulgaria: Knoxking on a Wide Open Door?*, 2019.

Stefan Ralchev, *Elusive Identity: Duality and Missed Opportunities in Bulgarian Foreign Policy in the Black Sea Region*, 2015.

Vessela Tcherneva, *The end of tit-for-tat politics in Bulgaria*, European Council on Foreign Relations, 2021.